ÉTICA PROFISSIONAL NA ADVOCACIA

LUCAS TROMPIERI RODRIGUES CASAGRANDE

ÉTICA PROFISSIONAL NA ADVOCACIA

Atualizado pela Lei 14.365/22
Questões do Exame de Ordem com Gabarito

Freitas Bastos Editora

Copyright © 2023 by Lucas Trompieri Rodrigues Casagrande

Todos os direitos reservados e protegidos pela Lei 9.610, de 19.2.1998.
É proibida a reprodução total ou parcial, por quaisquer meios, bem como a produção de apostilas, sem autorização prévia, por escrito, da Editora.
Direitos exclusivos da edição e distribuição em língua portuguesa:
Maria Augusta Delgado Livraria, Distribuidora e Editora

Direção Editorial: Isaac D. Abulafia
Gerência Editorial: Marisol Soto
Diagramação e Capa: Madalena Araújo

Dados Internacionais de Catalogação na Publicação (CIP)
de acordo com ISBD

C335e	Casagrande, Lucas Trompieri Rodrigues
	Ética Profissional na Advocacia: Atualizado pela Lei 14.365/22 Questões do Exame de Ordem com Gabarito / Lucas Trompieri Rodrigues Casagrande. - Rio de Janeiro, RJ : Freitas Bastos, 2023.
	208 p. : 15,5cm x 23cm.
	ISBN: 978-65-5675-256-3
	1. Direito. 2. Ética Profissional. 3. Lei 14.365/22. 4. Questões. 5. Exame de Ordem. I. Boer, Rodrigo Guedes. II. Título.
2023-223	CDD 340
	CDU 34

Freitas Bastos Editora
atendimento@freitasbastos.com
www.freitasbastos.com

SUMÁRIO

9   **CAPÍTULO I**
ATIVIDADES PRIVATIVAS DE ADVOGADO

- 1.1. A IMPORTÂNCIA DO ESTATUTO DE ÉTICA DA ADVOCACIA 9
- 1.2. ATIVIDADES PRIVATIVAS DE ADVOGADO 10
- 1.3. MANDATO E RENÚNCIA 22
- 1.4. PRERROGATIVAS PROFISSIONAIS 33

73   **CAPÍTULO II**
INSCRIÇÃO NA OAB

- 2.1. INSCRIÇÃO NA OAB 73
- 2.2. TIPOS DE INSCRIÇÃO 81
- 2.3. CANCELAMENTO E LICENÇA 84
- 2.4. DOCUMENTO DE IDENTIFICAÇÃO E NOME SOCIAL 87

91   **CAPÍTULO III**
EXERCÍCIO DA ADVOCACIA

- 3.1. INCOMPATIBILIDADES E IMPEDIMENTOS 91
- 3.2. SOCIEDADE DE ADVOGADOS/ ADVOGADO EMPREGADO/ ADVOGADO ASSOCIADO 99
- 3.3. HONORÁRIOS 117

3.4. REGRAS DE PUBLICIDADE PARA ESCRITÓRIOS E ADVOGADOS 134
3.5. INFRAÇÕES E SANÇÕES DISCIPLINARES 146
3.6. PROCESSO ADMINISTRATIVO DISCIPLINAR 160
3.7. ORGANIZAÇÃO DA OAB 175

REFERÊNCIAS 205

"A sabedoria é essa salvação, não para outra vida, mas para esta. Somos capazes? Completamente não, sem dúvida. Mas não é um motivo para renunciarmos a nos aproximar dela. Ninguém é sábio por inteiro; mas quem se resignaria a ser totalmente louco?"

COMTE-SPONVILLE, André. *Apresentação da filosofia*. São Paulo, 2002, p. 142.

CAPÍTULO I
ATIVIDADES PRIVATIVAS DE ADVOGADO

1.1. A IMPORTÂNCIA DO ESTATUTO DE ÉTICA DA ADVOCACIA

Nestas primeiras linhas, deve-se destacar a importância do estudo da ética na advocacia. Não se trata apenas de algo necessário para a realização do Exame de Ordem, irá impactar no dia a dia da(o) advogada(o).

O conhecimento do adequado proceder impedirá o cometimento de equívocos e o, consequente, acolhimento de eventuais representações disciplinares contra advogadas(os), que serão analisadas pelos diversos tribunais de ética e disciplina espalhados pelo País.

Afinal, a partir do momento em que se tem a compreensão das balizas que devem guiar a conduta profissional, buscar-se-á, de toda forma, o afastamento da transgressão, impedindo as nefastas consequências, o que irá ser detalhado nesta obra, no campo das sanções e do processo administrativo disciplinar.

Do mesmo modo, não se ignora o interesse do leitor no estudo voltado para a realização da prova que permitirá o exercício da advocacia, de modo que serão apresentadas, juntamente com a abordagem direcionada do conteúdo, diversas questões já cobradas em Exames de Ordem.

A ética profissional é a matéria mais cobrada no Exame, tal fato se dá em razão da importância do domínio do Estatuto da Advocacia, do Código de Ética e Disciplina e do Regulamento Geral pelos futuros advogados.

As considerações realizadas se baseiam em anos de aulas ministradas na graduação em Direito, razão pela qual a abordagem será direta, com a realização de aprofundamento em tópicos que realmente o exijam.

Parte-se do Estatuto da Advocacia, o trilho para a análise de todos os tópicos propostos, com a complementação de disposições do Código de Ética e Disciplina, do Regulamento Geral e, por vezes, de provimentos do Conselho Federal da OAB. Trata-se da melhor estratégia para a realização de um estudo organizado.

1.2. ATIVIDADES PRIVATIVAS DE ADVOGADO

O artigo primeiro do estatuto traz em seus dois incisos os atos judiciais e extrajudiciais privativos de advogado.

> Art. 1º São atividades privativas de advocacia:
>
> I – a postulação a ~~qualquer~~ órgão do Poder Judiciário e aos juizados especiais; (Vide ADIN 1.127-8)
>
> II – as atividades de consultoria, assessoria e direção jurídicas.[...]

Aqui se verifica a questão da capacidade postulatória do advogado, o *ius postulandi*. Em regra, caso uma cidadã ou um cidadão queira buscar o Estado-Juiz para demandar algo, será indispensável a contratação de um causídico, em virtude da sua capacidade postulatória.

Ora, o advogado representa a parte em juízo. Sabe-se que todos possuem capacidade de ser parte, mas apenas os advogados possuem a capacidade postulatória.

Todavia, não é algo tão simples. Existem exceções ao *ius postulandi* do advogado, quando a própria parte terá a capacidade postulatória. No parágrafo primeiro do artigo primeiro do Estatuto, menciona-se o *habeas corpus*.

> Art. 1º. EAOAB. [...]
>
> § 1º Não se inclui na atividade privativa de advocacia a <u>impetração de habeas corpus em qualquer instância ou tribunal</u>. (grifos nossos)

Neste ponto, cabe ressaltar que o *habeas corpus* é o único remédio constitucional que dispensa a contratação de um advogado. Geralmente, os alunos de direito criam confusões com o Mandado de Segurança (MS), mas para a impetração de um MS, a contratação de um advogado é indispensável.

Ou seja, para a utilização da garantia constitucional, voltada para o resguardo da liberdade de locomoção, a contratação de advogado é facultativa, já para o remédio relacionado à proteção do direito líquido e certo, não haverá alternativa ao profissional do Direito.

A segunda exceção a ser mencionada, refere-se aos juizados especiais cíveis. Conforme a Lei nº 9.099/95, não é necessário contratar um advogado para demandas de até vinte salários, sujeitas ao procedimento sumaríssimo. Ressaltando a competência relativa dos juizados para demandas de até quarenta salários mínimos.

No campo recursal, caso seja necessário interpor recurso inominado ou mesmo apresentar contrarrazões ao recurso manejado pela parte adversa, a contratação da(o) causídica(o) será fundamental.

Deve-se atentar para a dinâmica diferenciada dos juizados especiais cíveis da Justiça Federal e para os juizados especiais fazendários na Justiça Estadual. Tais juizados possuem competência absoluta para demandas de até sessenta salários mínimos, sendo dispensada a contratação de advogado para as demandas de até sessenta salários mínimos, conforme pode ser compreendido na lógica das Leis nº 10.259/01 e nº 12.153/09.

Na Justiça do Trabalho, é possível ajuizar reclamatórias trabalhistas, mesmo sem advogado, em atenção à Consolidação das Leis Trabalhistas (CLT).

> Art. 791. CLT. Os empregados e os empregadores <u>poderão reclamar pessoalmente</u> perante a Justiça do Trabalho e acompanhar as suas reclamações até o final. (grifos nossos)

No entanto, o limite da capacidade postulatória da parte foi delimitado pela Justiça a partir da Súmula 425 do Tribunal Superior do Trabalho (TST).

> SÚMULA Nº 425. TST – JUS POSTULANDI NA JUSTIÇA DO TRABALHO. ALCANCE.
>
> O *jus postulandi* das partes, estabelecido no art. 791 da CLT, limita-se às Varas do Trabalho e aos Tribunais Regionais do Trabalho, <u>não alcançando a ação rescisória, a ação cautelar</u>, o <u>mandado de segurança</u> e os <u>recursos de competência do Tribunal Superior do Trabalho</u>. (grifos nossos)

Assim, verifica-se mais uma exceção ao *ius postulandi* do advogado, abrangendo reclamatórias e recursos ordinários, sem alcançar a ação rescisória, a ação cautelar (em conformidade com o Código de Processo Civil – CPC – de 2015, tutela provisória cautelar), mandado de segurança e recursos de TST (como o Recurso de Revista – RR).

Uma última exceção se refere à ação de alimentos, é possível ajuizar ação de alimentos sem a constituição de um causídico.

A razão histórica para tal fato se assemelha à existente para uma reclamatória trabalhista sem advogado. Trata-se da vulnerabilidade da parte e da possível dificuldade de acesso ao advogado.

Contudo, no caso de alimentos, o juízo designará um profissional para que assista à parte, consoante o parágrafo terceiro do artigo segundo da Lei de Alimentos (Lei nº 5.478/68).

> Art. 2º. <u>O credor, pessoalmente</u>, ou por intermédio de advogado, <u>dirigir-se-á ao juiz competente</u>, qualificando-se, e exporá suas necessidades, provando, apenas o parentesco ou a obrigação de alimentar do devedor, indicando seu nome e sobrenome, residência ou local de trabalho, profissão e naturalidade, quanto ganha aproximadamente ou os recursos de que dispõe.
>
> [...]
>
> § 3º Se o credor comparecer pessoalmente e não indicar profissional que haja concordado em assisti-lo, o juiz designará desde logo quem o deva fazer. (grifos nossos)

Já o inciso segundo do artigo primeiro, irá trazer as atividades extrajudiciais privativas de advogado, quais sejam: a consulta, a assessoria e a direção jurídica. Aqui se enquadra, por exemplo, a advocacia preventiva, com aconselhamento técnico ou soluções negociadas.

A consultoria é o aconselhamento do cliente, mostra-se caminhos juridicamente possíveis, a partir de uma situação fática posta, não há uma atuação prática satisfatória. Imagine um cliente que tenha dúvidas sobre as normas aplicáveis a um contrato de locação, a(o) advogada(o) apenas irá explicar a Lei de Locações.

Na assessoria há outra situação, a(o) profissional do Direito irá agir para efetivamente solucionar um problema, ocorre a execução efetiva de um trabalho extrajudicial. Por exemplo, quando o advogado for negociar os termos de um contrato a ser celebrado ou participar de uma reunião para um possível acordo extrajudicial. Observa-se que não se indica apenas possíveis soluções para o cliente, há uma ação, superando o campo da consulta.

Já a direção ou a gerência jurídica, expressões que para esta obra, a partir da abordagem do Estatuto, terão sinonímia, refere-se à coordenação ou chefia de serviços/órgãos que envolvam manifestação jurídica. Aqui será indispensável que a(o) diretora ou diretor seja alguém com inscrição nos quadros da OAB.

> Art. 7º. RG. A função de diretoria e gerência jurídicas em qualquer empresa pública, privada ou paraestatal, inclusive em instituições financeiras, é privativa de advogado, não podendo ser exercida por quem não se encontre inscrito regularmente na OAB.

Neste ponto, cabe chamar atenção para o parágrafo segundo do artigo primeiro do Estatuto da Advocacia:

> Art. 1º. EAOAB. [...] § 2º Os atos e contratos constitutivos de pessoas jurídicas, sob pena de nulidade, só podem ser admitidos a registro, nos órgãos competentes, quando visados por advogados. (grifos nossos)

Compreende-se que o ato constitutivo de uma pessoa jurídica deve ser visado (assinado) por advogada(o), campo de atuação extrajudicial privativa, modalidade de assessoria, para checagem de observância ao estabelecido no arcabouço jurídico.

Ressalte-se uma exceção da Lei Complementar 123/06, estabelecida em prol do estímulo à microempresa e à empresa de pequeno porte, vez que dispensa a contratação de um advogado, barateando a ação de constituição:

> Art. 9º . § 2º. Estatuto Nacional da Microempresa e da Empresa de Pequeno Porte – Lei Complementar 123/06. Não se aplica às microempresas e às empresas de pequeno porte o disposto no § 2º do art. 1º da Lei nº 8.906, de 4 de julho de 1994.

Outro ponto interessante deve ser abordado, vez que traz um impedimento no campo da assinatura de atos constitutivos de pessoa jurídica para a(o) advogada(o) que preste serviço a órgão ou entidade da Administração Direta ou Indireta da unidade federativa a que se vincule a Junta Comercial/ Cartório de Registro de Pessoa Jurídica, clara preocupação com possíveis influências indevidas no ato.

> Art. 2º, p. único do RG. Os advogados que prestem serviços a órgãos ou entidades da Administração Pública direta ou indireta, da unidade federativa a que se vincule a Junta Comercial, ou a quaisquer repartições administrativas competentes para o mencionado registro estão impedidos de visar atos constitutivos de pessoas jurídicas. (grifos nossos)

Seguindo na análise, o Estatuto da Advocacia, em seu artigo segundo, reconhece que o advogado é indispensável à administração da justiça, assim como está expresso no art. 133 da Constituição da República Federativa do Brasil (CRFB). Tem-se a compreensão de que o advogado, mesmo em seu ministério privado, presta um serviço público, atuando para a garantia da realização da justiça.

Nesses termos, mesmo que exista um caráter parcial relacionado à atuação do advogado, pois representa os interesses de uma das partes em conflito, postulando decisão favorável, seus atos constituem múnus público, seja em atuação judicial ou extrajudicial, ressaltando, portanto, sua ação como uma obrigação legal em prol do interesse coletivo.

O advogado pode até mesmo contribuir com o processo de elaboração de normas jurídicas no âmbito dos Poderes da República, pois é um operador do Direito que possui conhecimento suficiente para apontar caminhos para avanços do sistema jurídico, beneficiando a todos.

E quem seriam aqueles que exercem a atividade da advocacia, sujeitando-se ao Estatuto da Advocacia, ao Código de Ética e ao Regulamento Geral? Nos termos do Estatuto, os integrantes da Advocacia-Geral da União, da Procuradoria da Fazenda Nacional, da Defensoria Pública e das Procuradorias e Consultorias Jurídicas dos Estados, do Distrito Federal, dos Municípios e das respectivas entidades de administração indireta e fundacional.

Já nos termos do Regulamento Geral, os integrantes da Advocacia-Geral da União, da Defensoria Pública e das Procuradorias e Consultorias Jurídicas dos Estados, do Distrito Federal, dos Municípios, das autarquias e das fundações públicas, obrigados, portanto, à inscrição na OAB, para o exercício de suas atividades.

Atente-se a uma diferença sutil em relação à previsão do EAOAB, isto é, a indicação do exercício da advocacia aos integrantes de Consultorias Jurídicas de autarquias e fundações públicas, e não aos integrantes de Consultorias da Administração Indireta de forma geral. Cuidado, a Fundação Getúlio Vargas já cobrou a literalidade do Regulamento Geral, deve-se ter o cuidado com a referência utilizada, Estatuto da Advocacia ou Regulamento Geral.

> **Ponto destacado:** Defensor Público. Para o Estatuto da OAB, é advogado, diferentemente da posição firmada pelo Supremo Tribunal Federal – STF. Em termos de Exame de Ordem, parte de ética profissional, é mais indicado se ater à previsão estatutária.

RECURSO EXTRAORDINÁRIO. REPERCUSSÃO GERAL. DEFENSOR PÚBLICO. CAPACIDADE POSTULATÓRIA. INSCRIÇÃO NA ORDEM DOS ADVOGADOS DO BRASIL. INCONSTITUCIONALIDADE. DESPROVIMENTO. 1. O artigo 134, § 1º, da CONSTITUIÇÃO FEDERAL, ao outorgar à lei complementar a organização da Defensoria Pública da União, do Distrito Federal e dos Territórios, e a edição de normas gerais organizacionais para as Defensorias Públicas dos Estados, vedou expressamente "o exercício da advocacia fora das atribuições institucionais". 2. A exigência prevista na Lei Complementar 80/1994, de que o candidato ao cargo de defensor público deve comprovar sua inscrição na Ordem dos Advogados do Brasil – OAB, não conduz à inarredável conclusão de que o Defensor Público deve estar inscrito nos registros da entidade. 3. <u>O artigo 4º, § 6º, da Lei Complementar 80/1994, na redação dada pela Lei Complementar 132/2009, dispõe que a capacidade postulatória do defensor decorre exclusivamente de sua nomeação e posse no cargo público, para se dedicar unicamente à nobre missão institucional de proporcionar o acesso dos assistidos à ordem jurídica justa.</u> 4. Logo, o Defensor Público submete-se somente ao regime próprio da Defensoria Pública, sendo inconstitucional a sua sujeição também ao Estatuto da OAB. 5. Recurso extraordinário desprovido. Tese para fins da sistemática da Repercussão geral: É inconstitucional a exigência de inscrição do Defensor Público nos quadros da Ordem dos Advogados do Brasil.

(RE 1240999, Relator(a): ALEXANDRE DE MORAES, Tribunal Pleno, julgado em 04/11/2021, PROCESSO ELETRÔNICO REPERCUSSÃO GERAL – MÉRITO DJe-248 DIVULG 16-12-2021 PUBLIC 17-12-2021) (grifos nossos)

Dentro dessa discussão sobre quem é advogado, cabe discutir o que seria o efetivo exercício da advocacia, conforme o art. 5º do RG. Trata-se da necessidade de participação anual mínima em cinco atos privativos previstos no artigo 1º do Estatuto, seja atuação judicial ou extrajudicial.

A comprovação do efetivo exercício se faz mediante certidão expedida por cartórios ou secretarias judiciais ou cópia autenticada de atos privativos. Já pensando em uma atuação extrajudicial, por meio de contratos de prestação de serviços firmados.

Não se deve confundir experiência jurídica com advocacia. A advocacia é uma forma de obter experiência jurídica, há outras possibilidades como a realização de uma pós-graduação, mestrado ou doutorado, a docência em nível superior etc.

> **Atenção.** É possível a prática de ato privativo de advogado por estagiário regularmente inscrito na OAB, desde que em consonância com o Regulamento Geral.

> Art. 29. RG. Os atos de advocacia, previstos no Art. 1º do Estatuto, podem ser subscritos por estagiário inscrito na OAB, em conjunto com o advogado ou o defensor público.
>
> § 1º O estagiário inscrito na OAB pode <u>praticar isoladamente os seguintes atos, sob a responsabilidade do advogado</u>: I – retirar e devolver autos em cartório, assinando a respectiva carga; II – obter junto aos escrivães e chefes de secretarias certidões de peças ou autos de processos em curso ou findos; III – <u>assinar petições de juntada de documentos a processos judiciais ou administrativos</u>.

> § 2º Para o exercício de atos extrajudiciais, o estagiário pode comparecer isoladamente, quando receber autorização ou substabelecimento do advogado. (grifos nossos)

Para fechar esta primeira parte de análise de atos de advocacia, frisa-se que, nos termos do Estatuto da Advocacia, art. 3º-A, quando for comprovada a notória especialização do serviço profissional, este será tido por técnico e singular, o que traz repercussão (campo de licitações).

A notória especialização corresponde à compreensão de que o trabalho do advogado ou da sociedade de advogados é essencial e indiscutivelmente o mais adequado à plena satisfação do objeto do contrato, a partir de um desempenho anterior, de estudos, experiências, publicações, organização, aparelhamento, equipe técnica ou de outros requisitos relacionados com as atividades.

Cabe indagar o resultado de uma atuação privativa por quem não é advogado. Estar-se-á dentro do campo da invalidade, mais especificamente da nulidade absoluta, razão pela qual os atos não serão, em uma perspectiva técnica clássica, convalidáveis. Tal entendimento se extrai do art. 4º do EAOAB.

> Art. 4º. EAOAB. São nulos os atos privativos de advogado praticados por pessoa não inscrita na OAB, sem prejuízo das sanções civis, penais e administrativas.
>
> Parágrafo único. São também nulos os atos praticados por advogado impedido – no âmbito do impedimento – suspenso, licenciado ou que passar a exercer atividade incompatível com a advocacia. (grifos nossos)

Serão nulos também atos praticados por advogados, pessoas com inscrição nos quadros da OAB, em caso de impedimento, suspensão, licença ou que passem a exercer atividades incompatíveis com a advocacia.

Trabalharemos melhor as figuras previstas no parágrafo único mais adiante, de forma resumida, um advogado impedido tem o seu campo de atuação restrito. É o que se verifica, por exemplo, no caso de um servidor público. Não há, *a priori*, incompatibilidade com a advocacia, mas haverá uma restrição/impedimento, pois um servidor não pode atuar contra a fazenda pública que o remunera, se o fizer, dará causa à nulidade.

Um advogado suspenso é um profissional punido após um processo administrativo disciplinar. Durante o período de suspensão, afastamento da advocacia, atos privativos não podem ser praticados, mas, uma vez constatados, serão considerados nulos.

Já o licenciamento corresponde ao afastamento temporário do advogado, ocorre a pedido do profissional, período no qual não poderá praticar atos privativos, sob pena de nulidade.

Por fim, o advogado que passar a exercer atividade incompatível com a advocacia deverá cancelar sua inscrição ou se licenciar, a depender da situação. Ao praticar ato privativo, da mesma forma, haverá clara nulidade.

Frisando a possibilidade de repercussão civil, penal e administrativa em virtude dos atos eivados de nulidade. Ou seja, será possível a responsabilização civil por danos (demonstrados os requisitos legais: conduta, dano e nexo causal), criminal (contravenção penal – exercício irregular da profissão) e administrativa (processo disciplinar perante o Tribunal de Ética e Disciplina para responsabilização) em virtude do descumprimento do EAOAB.

Último fator a considerar é a controvérsia sobre a nulidade absoluta dos atos praticados, nos termos do Estatuto não há dúvidas, posição que deve ser adotada para o Exame de Ordem. Todavia, alguns precedentes podem ser encontrados no Judiciário, relacionando a ideia de nulidade com a necessária existência de prejuízos processuais.

QUESTÕES

Ano: 2018 **Banca:** FGV Órgão: OAB **Prova:** FGV – 2018 – OAB – Exame de Ordem Unificado – XXVII – Primeira Fase

Guilherme é bacharel em Direito, não inscrito na OAB como advogado. Ao se deparar com situações de ilegalidade que ameaçam a liberdade de locomoção de seus amigos César e João, e com situação de abuso de poder que ameaça direito líquido e certo de seu amigo Antônio, Guilherme, valendo-se de seus conhecimentos jurídicos, impetra *habeas corpus* em favor de César na Justiça Comum Estadual, em 1ª instância; *habeas corpus* em favor de Antônio, perante o Tribunal de Justiça, em 2ª instância; e mandado de segurança em favor de João, na Justiça Federal, em 1ª instância.

Considerando o que dispõe o Estatuto da OAB acerca da atividade da advocacia, assinale a afirmativa correta.

- **A.** Guilherme pode impetrar *habeas corpus* em favor de César, mas não pode impetrar *habeas corpus* em favor de Antônio, nem mandado de segurança em favor de João.
- **B.** Guilherme pode impetrar *habeas corpus* em favor de César e Antônio, mas não pode impetrar mandado de segurança em favor de João.
- **C.** Guilherme pode impetrar *habeas corpus* em favor de César e Antônio, e também pode impetrar mandado de segurança em favor de João.
- **D.** Guilherme pode impetrar mandado de segurança em favor de João, mas não pode impetrar *habeas corpus* em favor de César e Antônio.

Resposta Correta: Item A. Como Guilherme não é advogado, apenas poderia impetrar HC. Lembrando que o HC tutela apenas a liberdade de locomoção e não o direito líquido e certo.

Ano: 2015 **Banca:** FGV Órgão: OAB **Prova:** FGV – 2015 – OAB – Exame de Ordem Unificado – XVI – Primeira Fase

Bernardo é bacharel em Direito, mas não está inscrito nos quadros da Ordem dos Advogados do Brasil, apesar de aprovado no Exame de Ordem. Não obstante, tem atuação na área de advocacia, realizando consultorias e assessorias jurídicas.

A partir da hipótese apresentada, nos termos do Regulamento Geral da Ordem dos Advogados do Brasil, assinale a afirmativa correta.

A. Tal conduta é permitida, por ter o bacharel logrado aprovação no Exame de Ordem.

B. Tal conduta é proibida, por ser equiparada à captação de clientela.

C. Tal conduta é permitida mediante autorização do Presidente da Seccional da Ordem dos Advogados do Brasil.

D. Tal conduta é proibida, tendo em vista a ausência de inscrição na Ordem dos Advogados do Brasil.

Resposta Correta: Item D. Consulta e assessoria são atividades extrajudiciais privativas de advogado.

1.3. MANDATO E RENÚNCIA

Nos termos do art. 5º do EAOAB, o advogado irá postular, em juízo ou fora dele, fazendo prova do mandato. O dispositivo se refere ao contrato de mandato, onde há a outorga de poderes pelo cliente ao causídico, sendo que a procuração corresponde ao instrumento do mandato, representa o poder de postular.

Isto é, o advogado atua em favor de alguém, pois possui capacidade postulatória, o que decorre de sua inscrição nos quadros da OAB, mas é indispensável que receba poderes para tanto, o que se demonstra por meio da procuração outorgada pelo cliente. Saliente-se que a consultoria e a assessoria jurídicas, independem da outorga de mandato e da formalização de contrato de honorários advocatícios (não há forma exigida para a estipulação contratual).

Observa-se que a regra é que o advogado postula, desde que haja procuração. Contudo, caso afirme a existência de urgência, poderá atuar em prol do cliente sem procuração, devendo apresentá-la em quinze dias, período prorrogável por igual período, por despacho do juízo, nos termos do § 1º do art. 5º do EAOAB.

A afirmação de urgência do advogado terá presunção de veracidade, sem haver um rol determinado de justificativas para tal pedido, com o prazo de regularização se iniciando no dia seguinte ao ato praticado. Para complementar, nos termos do Código de Processo Civil – CPC:

> Art. 104. CPC. O advogado não será admitido a postular em juízo <u>sem procuração, salvo para evitar preclusão, decadência ou prescrição, ou para praticar ato considerado urgente.</u>
>
> § 1º Nas hipóteses previstas no *caput*, o advogado deverá, independentemente de caução, <u>exibir a procuração no prazo de 15 (quinze) dias, prorrogável por igual período por despacho do juiz.</u>
>
> § 2º O ato não ratificado <u>será considerado ineficaz relativamente àquele em cujo nome foi praticado</u>, respondendo o advogado pelas despesas e por perdas e danos. (grifos nossos)

A procuração para o foro geral habilita o advogado para a prática de todos os atos judiciais/ atos do processo, salvo os que exijam poderes especiais, como receber citação, confessar, reconhecer a procedência do pedido, transigir, desistir, renunciar ao direito sobre o qual se funda a ação, receber, dar quitação, firmar compromisso e assinar declaração de hipossuficiência econômica, que devem constar de cláusula específica, tudo em conformidade com o CPC.

Sabe-se que o advogado demonstrará os poderes para representar os interesses de seu cliente a partir da procuração recebida para determinados fins. Na situação de não haver mais interesse em continuar a exercer o patrocínio de determinado cliente, o advogado poderá renunciar ao mandato.

No entanto, os advogados não podem abandonar causas, estariam sujeitos à responsabilização civil e administrativa (art. 15 do CED). De modo que há um procedimento certo a ser observado.

O advogado irá notificar o seu cliente por meio de carta com AR (Aviso de Recebimento), preferencialmente, podendo ocorrer também de outras formas como por e-mail e *Whatsapp*, comunicando ao juízo tal fato, por peticionamento (petição simples), permanecendo a representar seu cliente por mais dez dias (o melhor posicionamento defende a contagem em dias úteis), tempo para que um novo causídico possa ser buscado e contratado pelo cliente.

Transcorrido o prazo, independentemente da juntada aos autos de nova procuração, o advogado renunciante estará livre, não sendo necessário que continue a praticar atos processuais. Segue complemento do CPC:

> Art. 112. CPC. <u>O advogado poderá renunciar ao mandato a qualquer tempo, provando, na forma prevista neste Código, que comunicou a renúncia ao mandante, a fim de que este nomeie sucessor.</u>

> § 1º Durante os 10 (dez) dias seguintes, o advogado continuará a representar o mandante, desde que necessário para lhe evitar prejuízo
>
> § 2º Dispensa-se a comunicação referida no *caput* quando a procuração tiver sido outorgada a vários advogados e a parte continuar representada por outro, apesar da renúncia. (grifos nossos)

Ainda, conforme o CED, o advogado não deve expor o motivo da renúncia, preservando seu cliente:

> Art. 16. NCED. A renúncia ao patrocínio deve ser feita sem menção do motivo que a determinou, fazendo cessar a responsabilidade profissional pelo acompanhamento da causa, uma vez decorrido o prazo previsto em lei (EAOAB, art. 5º, § 3º). § 1º A renúncia ao mandato não exclui responsabilidade por danos eventualmente causados ao cliente ou a terceiros. § 2º O advogado não será responsabilizado por omissão do cliente quanto a documento ou informação que lhe devesse fornecer para a prática oportuna de ato processual do seu interesse. (grifos nossos)

Da mesma forma que o advogado não está vinculado à causa eternamente, o cliente também não estará indefinidamente atrelado ao seu causídico. Fala-se em revogação de mandato. Caso queira, o cidadão poderá revogar os poderes outorgados, contratando um novo profissional para a defesa de seus interesses.

Enfatizando que o advogado não deve aceitar procuração de quem já tenha patrono constituído, sem prévio conhecimento do profissional, sob pena de violação ao art. 14 do CED. Excepcionalmente, com motivo justificável ou para adoção de medida urgente e inadiável, seria possível o aceite de procuração (não caracterizando uma infração ao CED).

Nesta situação, o advogado que teve seus poderes revogados terá direito aos honorários contratuais, conforme negociado, bem como à proporcionalidade referente aos honorários de sucumbência (art. 17 do CED).

Os honorários de sucumbência, como construído no CPC, remuneram o trabalho técnico desempenhado pelo advogado nos autos do processo, razão pela qual o advogado com poderes revogados, fará *jus* àquilo que se refere a sua atuação profissional.

Saliente-se o entendimento judicial indicativo de que eventual discussão da proporcionalidade dos honorários sucumbenciais, a envolver advogados, deve ocorrer por meio de ação autônoma.

CIVIL E PROCESSUAL CIVIL. AGRAVO INTERNO NOS EMBARGOS DE DECLARAÇÃO NO RECURSO ESPECIAL. CONTRATO DE PRESTAÇÃO DE SERVIÇOS ADVOCATÍCIOS. RESOLUÇÃO CULPOSA. HONORÁRIOS SUCUMBENCIAIS. INDENIZAÇÃO. AÇÃO AUTÔNOMA. EX-CLIENTE. ATUAÇÃO EM PROCESSO ADMINISTRATIVO FISCAL. REMUNERAÇÃO DEVIDA. DECISÃO MANTIDA.

4. "Apenas o advogado constituído nos autos possui interesse processual para a discussão de eventual direito à verba honorária, cabendo àquele que teve revogado o seu mandato propor ação própria para pleitear direitos relacionados aos honorários contratuais ou à indenização pelos honorários sucumbenciais" (Resp 1726925/MA, Rel. Ministro HERMAN BENJAMIN, SEGUNDA TURMA, julgado em 07/06/2018, Dje 15/02/2019). No mesmo sentido: AgInt no AREsp 873.920/RS, Rel. Ministro MARCO BUZZI, QUARTA TURMA, julgado em 05/06/2018, Dje 12/06/2018; AgInt no AgRg no AREsp 812.524/PR, Rel. Ministro MARCO AURÉLIO BELLIZZE, TERCEIRA TURMA, julgado em 18/10/2016,

Dje 27/10/2016; AgRg no AREsp 275.001/RS, Rel. Ministro MARCO BUZZI, QUARTA TURMA, julgado em 04/02/2016, Dje 16/02/2016; AgInt no AREsp 1062559/RS, Rel. Ministro ANTONIO CARLOS FERREIRA, QUARTA TURMA, julgado em 23/05/2017, Dje 30/05/2017; AgInt no AREsp 899.389/RS, Rel. Ministro LUIS FELIPE SALOMÃO, QUARTA TURMA, julgado em 06/12/2016, Dje 14/12/2016; Resp 901.983/SP, Rel. Ministra NANCY ANDRIGHI, TERCEIRA TURMA, julgado em 07/10/2008, Dje 23/10/2008;

AgInt nos Edcl Acordo no Resp 1517922/SP, Rel. Ministro RICARDO VILLAS BÔAS CUEVA, TERCEIRA TURMA, julgado em 24/04/2018, Dje 30/04/2018; dentre outros.

1.1. No caso concreto, a conclusão das instâncias ordinárias – no sentido de que, embora reconhecido o direito, as verbas honorárias sucumbenciais só podem ser exigidas da parte vencida em cada demanda – contraria a jurisprudência deste Tribunal Superior, e, portanto, deve ser reformada. São devidos, pois, os honorários advocatícios expressamente reconhecidos em sentença, afastando-se o comando judicial para que a recorrente reivindique-os da parte sucumbente em cada processo.

1.2. Para a definição da responsabilidade pelo pagamento da verba honorária na hipótese dos autos não se exige incursão sobre elementos fático-probatórios, o que afasta a incidência da Súmula nº 7/STJ.

2. Quando a revogação do mandato ocorre por iniciativa do constituinte (mandante), é facultado ao advogado mandatário propor ação de arbitramento judicial dos honorários advocatícios contratuais, ainda que avençados sob a cláusula *ad exitum*.

> Precedentes do STJ.
>
> 2.1. É devido o pagamento da remuneração do profissional pela atuação em processo administrativo fiscal, em quantum a ser apurado na fase de liquidação de sentença.
>
> 3. "O pedido é aquilo que se pretende com a instauração da demanda e se extrai a partir de uma interpretação lógico-sistemática do afirmado na petição inicial, recolhendo todos os requerimentos feitos em seu corpo, e não só aqueles constantes em capítulo especial ou sob a rubrica 'dos pedidos'" (Resp 120.299/ES, Rel. Ministro SÁLVIO DE FIGUEIREDO TEIXEIRA, QUARTA TURMA, julgado em 25/06/1998, DJ 21/09/1998, p. 173). Precedentes do STJ.
>
> 4. Agravo interno a que se nega provimento.
>
> (AgInt nos Edcl no Resp nº 1.840.754/SP, relator Ministro Antonio Carlos Ferreira, Quarta Turma, julgado em 3/5/2022, Dje de 6/5/2022.) (grifos nossos)

Com a revogação do mandato, a parte terá que constituir um novo profissional. Não havendo nomeação em quinze dias, com a irregularidade processual constatada, o juízo suspenderá o processo e designará prazo para a correção do vício. Verifique-se:

> Art. 111. CPC. A parte que revogar o mandato outorgado a seu advogado <u>constituirá, no mesmo ato, outro que assuma o patrocínio da causa</u>. Parágrafo único. Não sendo constituído novo procurador no prazo de 15 (quinze) dias, observar-se-á o disposto no art. 76.
>
> 76. CPC. Verificada a incapacidade processual ou a irregularidade da representação da parte, <u>o juiz suspenderá o processo e designará prazo razoável para que seja sanado o vício</u>.

§ 1º <u>Descumprida a determinação, caso o processo esteja na instância originária</u>:

I – o processo será extinto, se a providência couber ao autor;

II – o réu será considerado revel, se a providência lhe couber;

III – o terceiro será considerado revel ou excluído do processo, dependendo do polo em que se encontre.

§ 2º <u>Descumprida a determinação em fase recursal</u> perante tribunal de justiça, tribunal regional federal ou tribunal superior, o relator:

I – não conhecerá do recurso, se a providência couber ao recorrente;

II – determinará o desentranhamento das contrarrazões, se a providência couber ao recorrido. (grifos nossos)

Algumas situações justificam, de forma clara, a renúncia de um advogado, pois a relação entre as partes do contrato de prestação de serviços se baseia na confiança recíproca. Não havendo confiança, o caminho deve ser a tentativa de dissipar as dúvidas existentes com o cliente, caso não seja possível contornar a situação, o substabelecimento ou a renúncia são impositivas (art. 10, CED).

Imagine um cliente que busca ditar os rumos jurídicos da demanda. A orientação mais adequada à causa será dada pelo advogado, profissional do direito, responsável por subscrever petições, cabendo sempre o esclarecimento ao cliente sobre as decisões tomadas (art. 11, CED). Outra situação envolve a tentativa de impor a atuação conjunta de outro profissional, nenhum advogado estará sujeito a trabalhar com um advogado desconhecido (art. 24, CED).

Ainda, advogados de um mesmo escritório, ou reunidos em caráter permanente, não podem representar clientes com interesses opostos, em juízo ou fora dele. Sobrevindo conflito de interesses entre clientes, deve-se optar por um dos mandatos, qualquer deles, renunciando aos outros, resguardando sempre o sigilo profissional (art. 20, CED).

O advogado, além da petição de renúncia, poderia optar tecnicamente por substabelecer (transferir) os poderes recebidos a outro advogado. Trata-se do substabelecimento sem reservas de iguais poderes, o que exige prévio e inequívoco conhecimento do outorgante. Nesta modalidade, o advogado transfere os poderes recebidos por meio do contrato de mandato para outro profissional, sem reservar os poderes, ou seja, deixa de poder atuar em prol do cliente, que se torna ex-cliente.

Outra modalidade é o substabelecimento com reservas de iguais poderes, onde um novo advogado, substabelecido, irá atuar conjuntamente com o advogado que está substabelecendo os poderes, o substabelecente. Trata-se de um ato pessoal do advogado da causa, devendo o novo advogado negociar seus honorários com o substabelecente.

O advogado substabelecido com reservas de poderes sequer poderá cobrar honorários sem a intervenção do advogado substabelecente. A lógica é simples, não se sabe o quanto de honorários teria direito, a não ser que o substabelecido tenha um contrato diretamente com o cliente, haveria outra situação bem delimitada, a permitir a cobrança isolada (art. 26 do EAOAB).

Para fechar o tópico, o mandato possui prazo certo? Em regra, não. O decurso do tempo não extingue o mandato. No entanto, nada impede que se faça constar uma data determinada no instrumento do mandato, o que pode gerar segurança jurídica para mandatos outorgados para atuação extrajudicial, por exemplo.

Há ainda uma presunção relativa de extinção do mandato, a partir da conclusão da causa ou do arquivamento do processo (art. 13, CED). Relativa, pois o desarquivamento pode ser buscado, bem como a abertura da fase de cumprimento de sentença, o que deixa clara a não extinção do mandato.

QUESTÕES

Ano: 2019 **Banca:** FGV Órgão: OAB **Prova:** FGV – 2019 – OAB – Exame de Ordem Unificado XXX – Primeira Fase

O advogado Geraldo foi regularmente constituído por certo cliente para defendê-lo em um processo judicial no qual esse cliente é réu. Geraldo ofereceu contestação, e o processo segue atualmente seu trâmite regular, não tendo sido, por ora, designada audiência de instrução e julgamento.

Todavia, por razões insuperáveis que o impedem de continuar exercendo o mandato, Geraldo resolve renunciar. Em 12/02/2019, Geraldo fez a notificação válida da renúncia. Três dias depois da notificação, o mandante constituiu novo advogado, substituindo-o. Todo o ocorrido foi informado nos autos.

Considerando o caso narrado, de acordo com o Estatuto da Advocacia e da OAB, assinale a afirmativa correta.

- **A.** Geraldo continuará a representar o mandante durante os dez dias seguintes à notificação da renúncia.
- **B.** O dever de Geraldo de representar o mandante cessa diante da substituição do advogado, independentemente do decurso de prazo.
- **C.** Geraldo continuará a representar o mandante até que seja proferida e publicada sentença nos autos, ainda que recorrível.
- **D.** Geraldo continuará a representar o mandante até o término da audiência de instrução e julgamento.

Resposta correta: Item B. O procedimento da renúncia deve ser observado, com a continuidade de representação do cliente pelo prazo de dez dias após a renúncia. Contudo, havendo a constituição de novo advogado antes do término do prazo, o novo causídico passa a ser o responsável pelo acompanhamento do processo, liberando o antigo advogado.

Ano: 2015 **Banca:** FGV Órgão: OAB **Prova:** FGV – 2015 – OAB – Exame de Ordem Unificado – XVII – Primeira Fase

O advogado Márcio, sócio de determinado escritório de advocacia, contratou novos advogados para a sociedade e substabeleceu, com reserva em favor dos novos contratados, os poderes que lhe haviam sido outorgados por diversos clientes. O mandato possuía poderes para substabelecer. Um dos clientes do escritório, quando percebeu que havia novos advogados trabalhando na causa, os quais não eram por ele conhecidos, não apenas resolveu contratar outro escritório para atuar em sua demanda como ofereceu representação disciplinar contra Márcio, afirmando que o advogado não agira com lealdade e honestidade.

A esse respeito, assinale a afirmativa correta.

- **A.** A representação oferecida não deve ser enquadrada como infração disciplinar, pois apenas o substabelecimento do mandato sem reserva de poderes deve ser comunicado previamente ao cliente.

- **B.** A representação oferecida não deve ser enquadrada como infração disciplinar, pois o substabelecimento do mandato, com ou sem reserva de poderes, é ato pessoal do advogado da causa.

- **C.** A representação oferecida deve ser enquadrada como infração disciplinar, pois o substabelecimento do mandato, com ou sem reserva de poderes, deve ser comunicado previamente ao cliente.

D. A representação oferecida deve ser enquadrada como infração disciplinar, pois o advogado deve avisar previamente ao cliente acerca de todas as petições que apresentará nos autos do processo, inclusive sobre as de juntada de substabelecimentos.

> **Resposta correta:** Item A. O substabelecimento com reservas de poderes é ato pessoal do advogado, razão pela qual não se exige a comunicação ao cliente.

1.4. PRERROGATIVAS PROFISSIONAIS

As prerrogativas correspondem a direitos exclusivos estabelecidos para a viabilização da atividade profissional do advogado, permitindo a liberdade/independência. Sem as prerrogativas, não há caminho para a advocacia livre, comprometendo-se a tutela dos interesses de cidadãos e, por consequência, o próprio texto Constitucional.

São várias as disposições que serão analisadas, o que poderia levar a uma equivocada ideia de excesso de prerrogativas. No entanto, ao se imaginar que sem as prerrogativas os interesses dos clientes/ constituintes estão em risco, chega-se à conclusão da indispensabilidade do tratamento da matéria pelo EAOAB.

Conforme o art. 6º do EAOAB, não há hierarquia entre advogado, membro do Ministério Público ou magistrado. Afinal, são atores processuais distintos, com papéis específicos, delineados pela ordem constitucional.

Todos devem tratar-se com consideração e respeito recíprocos, o que na vivência cotidiana se mostra um desafio, vez que o exercício da advocacia, com frequência, leva ao tensionamento das relações, é uma atividade conflitiva.

Ao advogado, que exerce atividade indispensável à administração da justiça, destarte, no exercício profissional, deve ser dado tratamento compatível com a dignidade da profissão, por autoridades, servidores públicos dos Poderes da República, serventuários da Justiça e membros do MP.

O art. 7º do EAOAB é de extrema importância para a vida do advogado, tal como para os estudantes que pretendem realizar o Exame de Ordem, já que o índice de cobrança é bastante elevado, razão pela qual todos os incisos serão transcritos e comentados, apresentando-se também, de forma deslocada, os parágrafos do mesmo artigo, que são necessários para compreensão integral da prerrogativa do inciso transcrito.

> Art. 7º. EAOAB. São direitos do advogado:
>
> I – exercer, com liberdade, a profissão em todo o território nacional;

O exercício da profissão é livre em todo o País. Sem desconsiderar a necessidade de inscrição suplementar, caso a atuação judicial do advogado supere cinco causas anuais em unidade da federação diversa daquela onde se tem a inscrição principal de advogado (atuação habitual), o que se analisará mais adiante com a diferenciação entre os tipos de inscrições.

> II – a inviolabilidade de seu <u>escritório ou local de trabalho</u>, bem como de seus instrumentos de trabalho, de sua correspondência escrita, eletrônica, telefônica e telemática, desde que relativas ao exercício da advocacia; <u>(Redação dada pela Lei nº 11.767, de 2008)</u> (grifos nossos)

A inviolabilidade do escritório, local de trabalho, instrumentos e correspondência escrita, eletrônica e telemática (dados por rede) se estabelece para a proteção da atuação profissional, bem como para o resguardo do sigilo profissional, mas não é um direito absoluto.

> § 6º <u>Presentes indícios de autoria e materialidade</u> da prática de crime por parte de advogado, a **autoridade judiciária** competente poderá decretar a quebra da inviolabilidade de que trata o inciso II do *caput* deste artigo, em <u>decisão motivada</u>, expedindo <u>mandado de busca e apreensão, específico e pormenorizado</u>, a ser cumprido na <u>presença de representante da OAB</u>, sendo, em qualquer hipótese, <u>vedada a utilização dos documentos, das mídias e dos objetos pertencentes a clientes do advogado averiguado</u>, bem como dos demais instrumentos de trabalho que contenham informações sobre clientes.   <u>(Incluído pela Lei nº 11.767, de 2008)</u> (grifos nossos)

Com a presença de indícios de autoria e da materialidade delitiva, o Judiciário poderá determinar a quebra da inviolabilidade, a partir de decisão motivada, com a expedição de mandado de busca e apreensão específico e pormenorizado (com definição precisa de abrangência).

O cumprimento do mandado deverá ocorrer na presença de representante da Ordem dos Advogados do Brasil, o qual deverá observar a legalidade do cumprimento da medida. Todavia, caso a OAB não encaminhe ninguém, a presença se torna dispensável, conforme entendimento já manifestado em decisão monocrática de ministro do STF.

HC 203412

Relator(a): **Min. NUNES MARQUES**

Julgamento: 16/03/2022

Publicação: 22/03/2022

Decisão

[...] no v. acórdão "a autoridade judiciária teve a cautela de fazer constar do mandado de busca e apreensão expressa recomendação referente à observância do quanto determinado no Estatuto da OAB", ressaltando, *in casu*, que: "foi contatado o Presidente da Subseção de Eunápolis da OAB/BA, que informou sua impossibilidade de comparecer à diligência em virtude de estar fora da cidade, afirmando ainda que entraria em contato com outro representante da OAB para acompanhar o cumprimento da providência, tendo o Dr. Fabricio Ghil Frieber comparecido à unidade policial na ocasião da lavratura da certidão de busca e apreensão" concluindo, nesse sentido, que: "o representante da Ordem dos Advogados do Brasil foi comunicado da realização da diligência, informando, na ocasião, que estaria ausente da cidade e que comunicaria a outro advogado a fim de acompanhar a referida busca e apreensão, tendo este chegado à Delegacia durante a lavratura da certidão pela autoridade policial, não havendo que se falar em nulidade do ato", não havendo que se falar em ilicitude de provas e, por conseguinte, em constrangimento ilegal decorrente da inobservância de garantias asseguradas na Lei nº 8.906/94. [...] (grifos nossos)

Sabe-se ainda da impossibilidade de, no cumprimento do mandado de busca e apreensão, comprometer documentos, mídias e objetos pertencentes a clientes do advogado averiguado, a não ser que o cliente seja formalmente investigado (coautor ou partícipe), ou seja, praticante do mesmo delito que deu causa à quebra de inviolabilidade do escritório, aí se tem a possibilidade de alcance de documentação, com a exposição do cliente. Afinal, as prerrogativas não se prestam a acobertar conluios criminosos entre cliente e advogado.

> § 7º A ressalva constante do § 6º deste artigo <u>não se estende a clientes do advogado averiguado que estejam sendo formalmente investigados</u> como seus <u>partícipes ou coautores pela prática do mesmo crime</u> que deu causa à quebra da inviolabilidade. (Incluído pela Lei nº 11.767, de 2008) (grifos nossos)

Saliente-se que a inviolabilidade mencionada é garantida quando o advogado não estiver sendo investigado por crime para o qual se expede mandado de busca e apreensão. Sem envolvimento do causídico, não é possível violar o escritório.

Disposições novas foram incluídas no parágrafo sexto do artigo sétimo do estatuto da advocacia, destacando entre outras questões, o caráter excepcional da violação do escritório, devendo haver fundado indício; não sendo possível determinar a cautelar de busca e apreensão, fundada em elementos produzidos exclusivamente em declarações de colaborador, sem confirmação por outros meios de prova; o representante da OAB que estará presente no cumprimento do mandado de busca e apreensão deve ser respeitado pelos agentes responsáveis pelo cumprimento, cumprindo com o seu papel de impedir que documentos, mídias e objetos não relacionados à investigação, especialmente de outros processos do mesmo cliente ou de outros clientes que não sejam pertinentes à persecução penal, sejam analisados, fotografados, filmados, retirados ou apreendidos do escritório de advocacia.

Caso não seja viável segregar a documentação, a mídia ou os objetos não relacionados à investigação, deve-se, procedimentalmente, resguardar o sigilo do conteúdo (cadeia de custódia), não ocorrendo, o representante da OAB fará relatório com inclusão de nomes dos servidores responsáveis, dando conhecimento à autoridade judiciária e encaminhado à OAB para a realização de notícia-crime.

Transcrevem-se os parágrafos finais com questões procedimentais:

> § 6º-F. <u>É garantido o direito de acompanhamento por representante da OAB e pelo profissional investigado durante a análise dos documentos e dos dispositivos de armazenamento de informação pertencentes a advogado</u>, apreendidos ou interceptados, em todos os atos, para assegurar o cumprimento do disposto no inciso II do *caput* deste artigo. (Promulgação partes vetadas). (Incluído pela Lei nº 14.365, de 2022)

> § 6º-G. <u>A autoridade responsável informará, com antecedência mínima de 24 (vinte e quatro) horas, à seccional da OAB a data, o horário e o local em que serão analisados os documentos e os equipamentos apreendidos, garantido o direito de acompanhamento, em todos os atos, pelo representante da OAB e pelo profissional investigado</u> para assegurar o disposto no § 6º-C deste artigo. (Promulgação partes vetadas) (Incluído pela Lei nº 14.365, de 2022)

> § 6º-H. Em casos de urgência devidamente fundamentada pelo juiz, a análise dos documentos e dos equipamentos apreendidos poderá acontecer em prazo inferior a 24 (vinte e quatro) horas, garantido o direito de acompanhamento, em todos os atos, pelo representante da OAB e pelo profissional investigado para assegurar o disposto no § 6º-C deste artigo. <u>(Promulgação partes vetadas) (Incluído pela Lei nº 14.365, de 2022)</u> (grifos nossos)

O § 6º-I está deslocado, a se pensar na ordem de abordagem de assuntos na organização do Estatuto, vez que não possui relação com a inviolabilidade do escritório, mas indica algo importante, a impossibilidade de o causídico realizar colaboração premiada contra quem seja ou tenha sido cliente, sob pena de responsabilização criminal e disciplinar (eventual exclusão dos quadros da OAB).

> § 6º-I. É vedado ao advogado efetuar colaboração premiada contra quem seja ou tenha sido seu cliente, e a inobservância disso importará em processo disciplinar, que poderá culminar com a aplicação do disposto no inciso III do *caput* do art. 35 desta Lei, sem prejuízo das penas previstas no art. 154 do Decreto-Lei nº 2.848, de 7 de dezembro de 1940 (Código Penal). (Incluído pela Lei nº 14.365, de 2022) (grifos nossos)

Superada a questão da inviolabilidade do escritório, seguimos na análise dos incisos que trazem direitos aos advogados:

> Art. 7º. III – comunicar-se com seus clientes, pessoal e reservadamente, mesmo sem procuração, quando estes se acharem presos, detidos ou recolhidos em estabelecimentos civis ou militares, ainda que considerados incomunicáveis; (grifos nossos)

Trata-se do direito de acesso do advogado ao seu cliente preso, detido ou recolhido em estabelecimento civil ou militar, um meio de garantia do amplo direito de defesa do cidadão, sem que haja a exigência de procuração e que a conversa seja gravada, monitorada ou acompanhada (do contrário, não haveria meio para a advocacia criminal).

Neste contexto, conforme o parágrafo quarto do Estatuto, viabilizando a atuação prática do causídico, o Judiciário e o

Executivo devem instalar salas em locais de atuação cotidiana para o uso do advogado:

> § 4º O Poder Judiciário e o Poder Executivo devem instalar, em todos os juizados, fóruns, tribunais, delegacias de polícia e presídios, salas especiais permanentes para os advogados, com uso e controle assegurados à OAB. (Vide ADIN 1.127-8)

Ainda, em relação ao acesso do advogado ao seu cliente, o cerceamento da prerrogativa corresponde a um crime, tipificado na lei de abuso de autoridade.

> Art. 20. Lei nº 13.869. Impedir, sem justa causa, a entrevista pessoal e reservada do preso com seu advogado: (Promulgação partes vetadas)
>
> Pena – detenção, de 6 (seis) meses a 2 (dois) anos, e multa.
>
> Parágrafo único. Incorre na mesma pena quem impede o preso, o réu solto ou o investigado de entrevistar-se pessoal e reservadamente com seu advogado ou defensor, por prazo razoável, antes de audiência judicial, e de sentar-se ao seu lado e com ele comunicar-se durante a audiência, salvo no curso de interrogatório ou no caso de audiência realizada por videoconferência.

O advogado terá direito à presença de um representante da OAB, no caso de prisão em flagrante, para lavratura do respectivo auto, desde que haja relação entre o motivo da prisão e o exercício da advocacia, sob pena de nulidade. Construção que visa o controle da legalidade do ato, com a participação da OAB, nos demais casos (sem relação com a advocacia) basta comunicar ao conselho seccional (tanto do lugar da inscrição do advogado quanto do lugar do crime, caso haja diferença).

Art. 7º. IV – ter a presença de representante da OAB, quando preso em flagrante, por motivo ligado ao exercício da advocacia, para lavratura do auto respectivo, sob pena de nulidade e, nos demais casos, a comunicação expressa à seccional da OAB; (grifos nossos)

Deve-se atentar que a prisão em flagrante do advogado apenas será permitida, por motivo ligado à profissão, o que leva à aplicabilidade do inciso IV, em caso de crime inafiançável. Sendo afiançável, não será possível a prisão em flagrante.

§ 3º O advogado somente poderá ser preso em flagrante, por motivo de exercício da profissão, em caso de crime inafiançável, observado o disposto no inciso IV deste artigo. (grifos nossos)

Conforme o Código de Processo Penal – CPP, são inafiançáveis os seguintes delitos:

Art. 323. CPP. Não será concedida fiança: (Redação dada pela Lei nº 12.403, de 2011).

I – nos crimes de racismo; (Redação dada pela Lei nº 12.403, de 2011).

II – nos crimes de tortura, tráfico ilícito de entorpecentes e drogas afins, terrorismo e nos definidos como crimes hediondos; (Redação dada pela Lei nº 12.403, de 2011).

III – nos crimes cometidos por grupos armados, civis ou militares, contra a ordem constitucional e o Estado Democrático; (Redação dada pela Lei nº 12.403, de 2011).

Indaga-se, seria possível a prisão em flagrante de advogado por desacato? A resposta apenas pode ser negativa, vez que o desacato não é um crime inafiançável.

Outra questão se refere ao direito de o advogado contar com assistência de um representante da OAB, sem prejuízo de seu próprio advogado constituído, nos inquéritos policiais ou ações penais em que figure como indiciado, acusado ou ofendido, sempre que o fato imputado se vincule ou decorra da advocacia.

> Art. 16. RG. Sem prejuízo da atuação de seu defensor, contará o advogado com a <u>assistência de representante da OAB</u> nos inquéritos policiais ou nas ações penais em que figurar como indiciado, acusado ou ofendido, <u>sempre que o fato a ele imputado decorrer do exercício da profissão ou a este vincular-se.</u> (grifos nossos)

É direito do advogado não ser recolhido preso, antes do trânsito em julgado (esgotamento recursal), a não ser em sala de Estado Maior, independentemente de o crime estar atrelado ou não à advocacia. Na falta de sala de Estado Maior, deve-se garantir a prisão domiciliar.

Ou seja, com a prisão cautelar (preventiva, temporária ou flagrante) ou com a prisão ocorrida antes do trânsito em julgado da sentença condenatória, apenas a utilização da sala de Estado Maior será viável, sem a existência de grades, portanto, com comodidades condignas. Meio de preservação da integridade e da segurança do advogado. Contudo, com o trânsito em julgado, a prerrogativa não mais se justifica.

> Art. 7º. V – não ser recolhido preso, antes de sentença transitada em julgado, senão em sala de Estado Maior, com <u>instalações e comodidades condignas</u>, assim reconhecidas pela OAB, e, na sua falta, em prisão domiciliar; <u>(Vide ADIN 1.127-8)</u> (grifos nossos)

Para compreensão do conceito de sala de Estado Maior:

> Por Estado-Maior se entende o grupo de oficiais que assessoram o comandante de uma organização militar (Exército, Marinha, Aeronáutica, Corpo de Bombeiros e Polícia Militar); <u>assim sendo, 'sala de Estado-Maior' é o compartimento de qualquer unidade militar que, ainda que potencialmente, possa por eles ser utilizado para exercer suas funções</u>. A distinção que se deve fazer é que, enquanto uma "cela" tem como finalidade típica o aprisionamento de alguém –e, por isso, de regra contém grades –, <u>uma "sala" apenas ocasionalmente é destinada para esse fim</u>. De outro lado, deve o local oferecer instalações e comodidades condignas, ou seja, condições adequadas de higiene e segurança. (STF – Rcl. nº 4.535 – TP – Rel. Sepúlveda Pertence – J. 07.05.2007 – DIU 15.06.2007) (grifos nossos)

QUESTÕES

Ano: 2021 **Banca:** FGV Órgão: OAB **Prova:** FGV – 2021 – OAB – Exame de Ordem Unificado XXXII – Primeira Fase

O advogado Júnior foi procurado pela família de João, preso em razão da decretação de prisão temporária em certo estabelecimento prisional. Dirigindo-se ao local, Júnior foi informado que João é considerado um preso de alta periculosidade pelo sistema prisional, tendo em vista o cometimento de diversos crimes violentos, inclusive contra um advogado, integração a organização criminosa e descobrimento de um plano de fuga a ser executado pelo mesmo grupo.

Diante de tais circunstâncias, o diretor do estabelecimento conduziu Júnior a uma sala especial, onde poderia conversar com João na presença de um agente prisional destinado a garantir a segurança do próprio Júnior e dos demais. Além disso, foi exigida a apresentação de procuração pelo advogado antes de deixar o estabelecimento prisional.

Considerando o caso narrado, assinale a afirmativa correta.

- **A.** É exigível a apresentação de procuração. Quanto às condições exigidas para a realização da entrevista, por serem devidamente justificadas, não indicam violação de direitos.
- **B.** Não é exigível a apresentação de procuração. Já as condições exigidas para a realização da entrevista violam direitos e implicam o cometimento de fato penalmente típico pelo diretor do estabelecimento.
- **C.** É exigível a apresentação de procuração. Já as condições exigidas para a realização da entrevista indicam violação de direitos, devendo ser combatidas por meio das medidas judiciais cabíveis, tais como a impetração de habeas corpus.
- **D.** Não é exigível a apresentação de procuração. Já as condições exigidas para a realização da entrevista indicam violação de direitos, devendo ser combatidas por meio das medidas judiciais cabíveis, tais como a impetração de habeas corpus, não se tratando de fato tipificado penalmente.

Resposta correta: Item b. Não é possível inviabilizar o acesso do advogado ao cliente preso por ausência de procuração. Ainda, a conversa entre advogado e cliente deve ser reservada.

Ano: 2019 **Banca:** FGV Órgão: OAB **Prova:** FGV – 2019 – OAB – Exame de Ordem Unificado XXIX – Primeira Fase.

O advogado João, conselheiro em certo Conselho Seccional da OAB, foi condenado, pelo cometimento de crime de tráfico de influência, a uma pena privativa de liberdade. João respondeu ao processo todo em liberdade, apenas tendo sido decretada a prisão após o trânsito em julgado da sentença condenatória.

Quanto aos direitos de João, considerando o disposto no Estatuto da Advocacia e da OAB, assinale a afirmativa correta.

- **A.** João tem direito à prisão domiciliar em razão de suas atividades profissionais, ou à prisão em sala de Estado Maior, durante todo o cumprimento da pena que se inicia, a critério do juiz competente.
- **B.** João tem direito a ser preso em sala de Estado Maior durante o cumprimento integral da pena que se inicia. Apenas na falta desta, em razão de suas atividades profissionais, terá direito à prisão domiciliar.
- **C.** João não tem direito a ser preso em sala de Estado Maior em nenhum momento do cumprimento da pena que se inicia, nem terá direito, em decorrência de suas atividades profissionais, à prisão domiciliar.
- **D.** João tem direito a ser preso em sala de Estado Maior apenas durante o transcurso de seu mandato como conselheiro, mas não terá direito, em decorrência de suas atividades profissionais, à prisão domiciliar.

Resposta correta: Item c. Após o trânsito em julgado não há mais direito a sala de Estado Maior.

A partir da ideia de inexistência de hierarquia entre advogados e magistrados, compreende-se a prerrogativa que indica que é direito do advogado o livre ingresso em salas de sessões dos tribunais, mesmo além dos cancelos (divisórias) que separam a parte reservada aos magistrados.

Aqui há uma diferença na vida real. Abstratamente, o advogado possui livre acesso, afinal pode ser necessário se aproximar dos magistrados, sendo desnecessário, a partir do Estatuto, qualquer pedido de autorização.

Todavia, na atuação prática, para evitar uma admoestação, o advogado deve pedir permissão. Lembrando, para o Exame de Ordem deve ser considerada a literalidade do Estatuto.

> Art. 7º. VI – ingressar livremente:
>
> a) nas salas de sessões dos tribunais, mesmo além dos cancelos que separam a parte reservada aos magistrados;
>
> b) nas salas e dependências de audiências, secretarias, cartórios, ofícios de justiça, serviços notariais e de registro, e, no caso de delegacias e prisões, mesmo fora da hora de expediente e independentemente da presença de seus titulares;
>
> c) em qualquer edifício ou recinto em que funcione repartição judicial ou outro serviço público onde o advogado deva praticar ato ou colher prova ou informação útil ao exercício da atividade profissional, dentro do expediente ou fora dele, e ser atendido, desde que se ache presente qualquer servidor ou empregado;

O livre ingresso do advogado engloba delegacias e prisões, bem como edifício ou recinto no qual funcione repartição judicial ou outro serviço público (do qual o advogado precise para o exercício da profissão), mesmo fora do horário de expediente, basta a presença de servidor ou empregado para atendimento. Na vida, os atendimentos não são realizados fora de expediente, depreendendo-se que as previsões indicadas são meros enunciados de dever-ser.

> d) em qualquer assembleia ou reunião de que participe ou possa participar o seu cliente, ou perante a qual este deva comparecer, <u>desde que munido de poderes especiais</u>; (grifos nossos)

Isolando a alínea "d", sabe-se que a assessoria é uma atuação extrajudicial privativa do advogado. Aqui há uma imprecisão técnica do legislador, vez que o mandato com poderes especiais apenas é exigido quando o causídico atuar em substituição ao cliente, porém, para o Exame de Ordem, vale a literal previsão estatutária.

> VII - permanecer sentado ou em pé e retirar-se de quaisquer locais indicados no inciso anterior, independentemente de licença;

Ora, o advogado possui direito ao livre ingresso em órgão público, o que viabiliza a profissão, bem como à livre retirada, independentemente de licença. Do mesmo modo, pode escolher permanecer sentado ou em pé, o que já foi cobrado pelo Exame de Ordem.

> Art. 7º. VIII - dirigir-se diretamente aos magistrados nas salas e gabinetes de trabalho, independentemente de horário previamente marcado ou outra condição, observando-se a ordem de chegada;

Fala-se em "despacho" com o magistrado, não sem enganos. Quem despacha é o juízo, o advogado apenas possui a possibilidade de procurar o julgador para conversar sobre sua demanda, destacando eventuais especificidades que já constam nos autos. Trata-se de prerrogativa não extensível aos estagiários.

Outro ponto, na vida se acaba, muitas vezes, exigindo a marcação de dia e horário para atendimento ao advogado, viabilizando o funcionamento adequado das varas e dos gabinetes. Mais uma vez, atenção. O Exame de Ordem cobra a literalidade da lei, ou seja, o direito do advogado ao atendimento, independentemente de horário previamente marcado.

> IX – sustentar oralmente as razões de qualquer recurso ou processo, nas sessões de julgamento, após o voto do relator, em instância judicial ou administrativa, pelo prazo de quinze minutos, salvo se prazo maior for concedido; (Vide ADIN 1.127-8) (Vide ADIN 1.105-7)

O inciso IX foi declarado inconstitucional pelo Supremo Tribunal Federal – STF, mas optou-se pela explicação. Sabe-se que há direito à sustentação oral antes do voto do relator no recurso interposto, viabilizando que o próprio desembargador relator seja influenciado pelo discurso do advogado, desde que haja a previsão legal para sustentação na espécie recursal.

Ou seja, direito à sustentação após a exposição da causa pelo relator, antes do voto, apenas para recursos em que haja previsão legal (Art. 937, CPC). Complemento do EAOAB:

> § 2º-B. Poderá o advogado realizar a sustentação oral no recurso interposto contra a decisão monocrática de relator que julgar o mérito ou não conhecer dos seguintes recursos ou ações: (Incluído pela Lei nº 14.365, de 2022)
>
> I – recurso de apelação; (Incluído pela Lei nº 14.365, de 2022)
>
> II – recurso ordinário; (Incluído pela Lei nº 14.365, de 2022)
>
> III – recurso especial; (Incluído pela Lei nº 14.365, de 2022)
>
> IV – recurso extraordinário; (Incluído pela Lei nº 14.365, de 2022)

> V – embargos de divergência; (Incluído pela Lei nº 14.365, de 2022)
>
> VI – ação rescisória, mandado de segurança, reclamação, habeas corpus e outras ações de competência originária. (Incluído pela Lei nº 14.365, de 2022)

É direito do advogado o uso da palavra, por meio da expressão "pela ordem", característica da profissão, para intervenções sumárias, seja em uma atuação judicial ou administrativa, esclarecendo questão fática, documental ou afirmação que influencie a decisão a ser proferida. Não envolve questões de direito, para as quais se utiliza a expressão "questão de ordem".

> X – usar da palavra, pela ordem, em qualquer tribunal judicial ou administrativo, órgão de deliberação coletiva da administração pública ou comissão parlamentar de inquérito, mediante intervenção pontual e sumária, para esclarecer equívoco ou dúvida surgida em relação a fatos, a documentos ou a afirmações que influam na decisão; (Redação dada pela Lei nº 14.365, de 2022)

Há o direito de reclamar de forma verbal ou por escrito, chamando atenção, perante qualquer juízo, tribunal ou autoridade, a considerar o descumprimento de lei, regulamento ou regimento. Além disso, a possibilidade de falar sentado ou em pé, em juízo, tribunal ou órgão de deliberação coletiva da Administração Pública ou do Poder Legislativo. O causídico, por exemplo, poderá sustentar oralmente em pé ou sentado.

> XI – reclamar, verbalmente ou por escrito, perante qualquer juízo, tribunal ou autoridade, contra a inobservância de preceito de lei, regulamento ou regimento;
>
> XII – falar, sentado ou em pé, em juízo, tribunal ou órgão de deliberação coletiva da Administração Pública ou do Poder Legislativo;

O causídico poderá examinar autos de processos findos (finalizados) ou em andamento, mesmo sem procuração, em qualquer órgão dos Poderes Judiciário e Legislativo, desde que não haja sigilo ou segredo de justiça, permitindo-se cópias e apontamentos.

> Art. 7º. XIII - examinar, em qualquer órgão dos Poderes Judiciário e Legislativo, ou da Administração Pública em geral, <u>autos de processos findos ou em andamento</u>, <u>mesmo sem procuração</u>, quando não estiverem sujeitos a sigilo ou segredo de justiça, assegurada a obtenção de cópias, com possibilidade de tomar apontamentos; <u>(Redação dada pela Lei nº 13.793, de 2019)</u> (grifos nossos)

Há o direito de exame de autos de flagrante ou investigação de qualquer natureza, mesmo que puramente administrativa, em instituição responsável por conduzir investigação, findos ou em andamento, ainda que conclusos (no gabinete da autoridade). Sempre a viabilizar o exercício da advocacia, com acesso a elementos de prova documentados, conforme já referendado pelo STF.

> XIV - examinar, em <u>qualquer instituição responsável por conduzir investigação</u>, mesmo sem procuração, <u>autos de flagrante e de investigações de qualquer natureza</u>, findos ou em andamento, <u>ainda que conclusos à autoridade</u>, podendo copiar peças e tomar apontamentos, em meio físico ou digital; (Redação dada pela Lei nº 13.245, de 2016) (grifos nossos)
>
> **Súmula Vinculante 14 –** É direito do defensor, no interesse do representado, ter acesso amplo aos elementos de prova que, já documentados em procedimento investigatório realizado por órgão com competência de polícia judiciária, digam respeito ao exercício do direito de defesa.

Em caso de sigilo, o que pode ser necessário à elucidação de fato ou exigido pelo interesse da sociedade (art. 20, CPP), preservando provas ou inviabilizando o prejuízo às investigações, o § 10 do art. 7º aponta a necessidade de procuração.

> § 10. Nos autos sujeitos a sigilo, deve o advogado apresentar procuração para o exercício dos direitos de que trata o inciso XIV. (Incluído pela Lei nº 13.245, de 2016)

Nessa toada, o acesso do advogado aos autos poderá ser delimitado, considerando elementos de prova ou diligências em andamento, ainda não documentados nos autos, quando houver risco de comprometimento da ação investigativa pela ciência do advogado.

> § 11. No caso previsto no inciso XIV, a autoridade competente poderá delimitar o acesso do advogado aos elementos de prova relacionados a diligências em andamento e ainda não documentados nos autos, quando houver risco de comprometimento da eficiência, da eficácia ou da finalidade das diligências. (Incluído pela Lei nº 13.245, de 2016) (grifos nossos)

O procedimento adequado envolve a retirada da parte possivelmente comprometedora do caderno investigativo e a disponibilização do restante ao causídico. A violação da prerrogativa, inviabilização do acesso ou fornecimento incompleto dos autos, com a retirada de peças já incluídas no caderno investigativo (diligências já finalizadas), possibilitará a responsabilização criminal.

> § 12. A inobservância aos direitos estabelecidos no inciso XIV, o fornecimento incompleto de autos ou o fornecimento de autos em que houve a retirada de peças já incluídas no caderno investigativo implicará

responsabilização criminal e funcional por abuso de autoridade do responsável que impedir o acesso do advogado com o intuito de prejudicar o exercício da defesa, sem prejuízo do direito subjetivo do advogado de requerer acesso aos autos ao juiz competente. (Incluído pela Lei nº 13.245, de 2016)

§ 13. O disposto nos incisos XIII e XIV do *caput* deste artigo aplica-se integralmente a processos e a procedimentos eletrônicos, ressalvado o disposto nos §§ 10 e 11 deste artigo. (Incluído pela Lei nº 13.793, de 2019) (grifos nossos)

O campo da responsabilização criminal também está previsto na lei de abuso de autoridade.

Art. 32. Lei nº 13.869. Negar ao interessado, seu defensor ou advogado acesso aos autos de investigação preliminar, ao termo circunstanciado, ao inquérito ou a qualquer outro procedimento investigatório de infração penal, civil ou administrativa, assim como impedir a obtenção de cópias, ressalvado o acesso a peças relativas a diligências em curso, ou que indiquem a realização de diligências futuras, cujo sigilo seja imprescindível: (Promulgação partes vetadas)

Pena – detenção, de 6 (seis) meses a 2 (dois) anos, e multa.

É direito do advogado a vista de processo judicial ou administrativo de qualquer natureza, bem como a carga (retirada) no prazo legal. Nesse ponto, destaca-se que tanto o advogado quanto o estagiário poderão fazer a "carga rápida" para análise dos autos ou obtenção de cópias, mesmo sem procuração acostada.

XV – ter vista dos processos judiciais ou administrativos de qualquer natureza, em cartório ou na repartição competente, ou retirá-los pelos prazos legais;

XVI – retirar autos de processos findos, mesmo sem procuração, pelo prazo de dez dias; (grifos nossos)

Considerando um processo findo, não se exigirá procuração, possibilitando a carga dos autos pelo prazo de dez dias. Deve-se ter atenção com a situação de descumprimento do prazo de carga pelo causídico e intimação para devolução dos autos do processo, o que poderá acarretar pena de perda do direito de carga, bem como aplicação de multa.

Art. 234. CPC. Os advogados públicos ou privados, o defensor público e o membro do Ministério Público devem restituir os autos no prazo do ato a ser praticado.

§ 2º Se, intimado, o advogado não devolver os autos no prazo de 3 (três) dias, perderá o direito à vista fora de cartório e incorrerá em multa correspondente à metade do salário-mínimo. (grifos nossos)

É direito do advogado ser desagravado, quando ofendido no exercício da profissão ou em razão da profissão. O desagravo é a resposta promovida pela advocacia a uma ofensa praticada contra advogado, o que coloca em risco a atividade profissional.

Isto é, há interesse de todos os inscritos nos quadros da OAB. Advogados se reúnem para expor a ofensa praticada, gerando constrangimento, comumente são reuniões realizadas em delegacias de polícia, em frente a tribunais ou repartições públicas.

Art. 7º. XVII – ser publicamente desagravado, quando ofendido no exercício da profissão ou em razão dela;

> § 5º No caso de ofensa a inscrito na OAB, no exercício da profissão ou de cargo ou função de órgão da OAB, o conselho competente deve promover o desagravo público do ofendido, sem prejuízo da responsabilidade criminal em que incorrer o infrator.

Destaque-se que o desagravo não afasta uma responsabilização disciplinar ou mesmo criminal do ofensor. Imagine um comportamento de um delegado de polícia que pode ser tipificado a partir da lei de abuso de autoridade, será possível a repercussão criminal e até mesmo uma punição administrativa pela própria polícia. O procedimento para a realização do desagravo está previsto no Regulamento Geral:

> Art. 18. RG. O inscrito na OAB, quando ofendido comprovadamente em razão do exercício profissional ou de cargo ou função da OAB, tem direito ao desagravo público promovido pelo Conselho competente, de ofício, a seu pedido ou de qualquer pessoa.
>
> § 1º <u>O pedido será submetido à Diretoria do Conselho competente, que poderá, nos casos de urgência e notoriedade, conceder imediatamente o desagravo, *ad referendum* do órgão competente do Conselho, conforme definido em regimento interno.</u>
>
> § 2º Nos demais casos, a Diretoria remeterá o pedido de desagravo ao órgão competente para instrução e decisão, podendo o relator, convencendo-se da existência de prova ou indício de ofensa relacionada ao exercício da profissão ou de cargo da OAB, solicitar informações da pessoa ou autoridade ofensora, no prazo de 15 (quinze) dias, sem que isso configure condição para a concessão do desagravo.
>
> § 3º O relator pode propor o arquivamento do pedido se a ofensa for pessoal, se não estiver relacionada com

o exercício profissional ou com as prerrogativas gerais do advogado ou se configurar crítica de caráter doutrinário, político ou religioso.

§ 4º Recebidas ou não as informações e convencendo-se da procedência da ofensa, o relator emite parecer que é submetido ao órgão competente do Conselho, conforme definido em regimento interno.

§ 5º Os desagravos deverão ser decididos no prazo máximo de 60 (sessenta) dias.

§ 6º <u>Em caso de acolhimento do parecer, é designada a sessão de desagravo, amplamente divulgada, devendo ocorrer, no prazo máximo de 30 (trinta) dias, preferencialmente, no local onde a ofensa foi sofrida ou onde se encontre a autoridade ofensora.</u>

§ 7º Na sessão de desagravo o Presidente lê a nota a ser publicada na imprensa, encaminhada ao ofensor e às autoridades, e registrada nos assentamentos do inscrito e no Registro Nacional de Violações de Prerrogativas.

§ 8º Ocorrendo a ofensa no território da Subseção a que se vincule o inscrito, a sessão de desagravo pode ser promovida pela diretoria ou conselho da Subseção, com representação do Conselho Seccional.

§ 9º O desagravo público, como instrumento de defesa dos direitos e prerrogativas da advocacia, não depende de concordância do ofendido, que não pode dispensá-lo, devendo ser promovido a critério do Conselho. (grifos nossos)

Em regra, a competência para a promoção do desagravo é do Conselho Seccional, porém haverá a competência do Conselho Federal quando o desagravo for em favor de Conselheiro Federal ou de Presidente de Conselho Seccional, ofendidos no exercício das atribuições de seus cargos ou caso a ofensa praticada tenha relevância e represente grave violação às prerrogativas profissionais, com repercussão nacional.

> Art. 19. RG. <u>Compete ao Conselho Federal promover o desagravo público de Conselheiro Federal ou de Presidente de Conselho Seccional</u>, quando ofendidos no exercício das atribuições de seus cargos e ainda quando a ofensa a advogado se revestir de relevância e grave violação às prerrogativas profissionais, com repercussão nacional. Parágrafo único. O Conselho Federal, observado o procedimento previsto no art. 18 deste Regulamento, indica seus representantes para a sessão pública de desagravo, na sede do Conselho Seccional, salvo no caso de ofensa a Conselheiro Federal. (grifos nossos)

QUESTÕES

Ano: 2017 **Banca:** FGV Órgão: OAB **Prova:** FGV – 2017 – OAB – Exame de Ordem Unificado – XXIV – Primeira Fase

Tânia, advogada, dirigiu-se à sala de audiências de determinada Vara Criminal, a fim de acompanhar a realização das audiências designadas para aquele dia em feitos nos quais não oficia. Tânia verificou que os processos não envolviam segredo de justiça e buscou ingressar na sala de audiências no horário designado.

Não obstante, certo funcionário deu-lhe duas orientações. A primeira orientação foi de que ela não poderia permanecer no local se todas as cadeiras estivessem ocupadas, pois não seria autorizada a permanência de advogados de pé, a fim de evitar tumulto na sala. A segunda orientação foi no sentido de que, caso ingressassem na sala, Tânia e os demais presentes não poderiam sair até o fim de cada ato, salvo se houvesse licença do juiz, para evitar que a entrada e saída de pessoas atrapalhasse o regular andamento das audiências.

Considerando o caso narrado, assinale a afirmativa correta.

- **A.** A primeira orientação dada pelo funcionário viola os direitos assegurados ao advogado, pois Tânia possui o direito de permanecer, mesmo que de pé, na sala de audiências. Todavia, a segunda orientação coaduna-se com o poder-dever do magistrado de presidir e evitar tumulto no ato judicial, não violando, por si, direitos normatizados no Estatuto da OAB.
- **B.** A segunda orientação dada pelo funcionário viola os direitos assegurados ao advogado, pois Tânia possui o direito de retirar-se a qualquer momento, independentemente de licença do juiz, da sala de audiências. Todavia, a primeira orientação coaduna-se com o poder-dever do magistrado de presidir e evitar tumulto no ato judicial, não violando, por si, direitos normatizados no Estatuto da OAB.
- **C.** Ambas as orientações violam os direitos assegurados, pelo Estatuto da OAB, ao advogado, pois Tânia possui o direito de permanecer, mesmo que de pé, na sala de audiências, bem como de se retirar a qualquer momento, independentemente de licença do juiz.
- **D.** Nenhuma das orientações viola os direitos assegurados ao advogado, pois se coadunam com o poder-dever do magistrado de presidir e evitar tumulto no ato judicial, não contrariando, por si sós, direitos normatizados no Estatuto da OAB.

Resposta correta: Item c. Tânia como advogada possui o direito de permanecer em pé ou sentada, bem como se retirar, independentemente de licença do juiz.

Ano: 2016 **Banca:** FGV Órgão: OAB **Prova:** FGV – 2016 – OAB – Exame de Ordem Unificado – XXI – Primeira Fase

Adolfo, policial militar, consta como envolvido em fato supostamente violador da integridade física de terceiros, apurado em investigação preliminar perante a Polícia Militar. No curso desta investigação, Adolfo foi notificado a prestar declarações e, desde logo, contratou a advogada Simone para sua defesa. Ciente do ato, Simone dirige-se à unidade respectiva, pretendendo solicitar vista quanto aos atos já concluídos da investigação e buscando tirar cópias com seu aparelho celular. Além disso, Simone intenta acompanhar Adolfo durante o seu depoimento designado.

Considerando o caso narrado, assinale a afirmativa correta.

A. É direito de Simone, e de seu cliente Adolfo, que a advogada examine os autos da investigação, no que se refere aos atos já concluídos e documentados, porém, a possibilidade de emprego do telefone celular para tomada de cópias fica a critério da autoridade responsável pela investigação. Também é direito de ambos que Simone esteja presente no depoimento de Adolfo, sob pena de nulidade absoluta do ato e de todos os elementos investigatórios dele decorrentes.

B. É direito de Simone, e de seu cliente Adolfo, que a advogada examine os autos, no que se refere aos atos já concluídos e documentados, bem como empregue o telefone celular para tomada de cópias digitais, o que não pode ser obstado pela autoridade responsável pela investigação. Também é direito de ambos que Simone esteja presente no depoimento de Adolfo, sob pena de nulidade absoluta do ato e de todos os elementos investigatórios dele decorrentes.

C. É direito de Simone, e de seu cliente Adolfo, que a advogada examine os autos, no que se refere aos atos já concluídos e documentados, bem como empregue o telefone celular para tomada de cópias digitais, o que não pode ser obstado pela autoridade responsável pela investigação. Também é direito de ambos que Simone esteja presente no depoimento de Adolfo, sob pena de nulidade relativa apenas do ato em que embaraçava a sua presença.

D. Considerando cuidar-se de mera investigação preliminar, Simone não possui o direito de examinar os atos já concluídos e documentados ou tomar cópias. Do mesmo modo, por não se tratar de interrogatório formal, mas mera investigação preliminar, sujeita à disciplina da legislação castrense, não configura nulidade se obstada a presença de Simone no depoimento de Adolfo.

> **Resposta correta:** Item b. A advogada possui direito ao exame dos autos em relação ao que já foi concluído e documentado, podendo se utilizar de telefone para realização de cópias.

É prerrogativa do advogado a utilização de símbolos privativos da profissão de advogado, como a veste talar (beca), insígnias ou adornos, identificando-o como um profissional do direito, inscrito nos quadros da OAB. Trata-se de uma prerrogativa sem maior repercussão.

> Art. 7º. XVIII - usar os símbolos privativos da profissão de advogado;

O inciso XIX já possui maior relevância, em virtude do dever legal de sigilo na advocacia e da necessidade de resguardo da atuação profissional, verifica-se a possibilidade de recusa do advogado em depor como testemunha:

XIX - recusar-se a depor como testemunha em <u>processo no qual funcionou ou deva funcionar</u>, ou sobre fato relacionado com pessoa de quem seja ou foi advogado, mesmo quando autorizado ou solicitado pelo constituinte, bem como sobre fato que constitua sigilo profissional; (grifos nossos)

Segue-se o procedimento, o causídico irá comparecer à audiência e apontar a sua recusa em depor como testemunha em virtude da prerrogativa. Seja por ter atuado no processo ou ter a intenção de atuar, por envolver fato relacionado a cliente de quem seja ou foi advogado no passado (mesmo que autorizado ou solicitado pelo cliente) ou por constituir puro e simples sigilo profissional.

Complementando, nos termos do Código de Processo Civil, o advogado é considerado impedido de depor como testemunha:

Art. 447. CPC. Podem depor como testemunhas todas as pessoas, exceto as incapazes, impedidas ou suspeitas.

[...] § 2º São impedidos:

III - o que intervém em nome de uma parte, como o tutor, o representante legal da pessoa jurídica, o juiz, o <u>advogado</u> e outros que assistam ou tenham assistido as partes.

Como expresso na lei de abuso de autoridade, o advogado não poderá ser constrangido a depor:

Art. 15. Lei nº 13.869. Constranger a depor, sob ameaça de prisão, pessoa que, em razão de função, ministério, ofício ou profissão, deva guardar segredo ou resguardar sigilo:

Pena - detenção, de 1 (um) a 4 (quatro) anos, e multa.

> Parágrafo único. Incorre na mesma pena quem prossegue com o interrogatório:
>
> II – de pessoa que tenha optado por ser assistida por advogado ou defensor público, sem a presença de seu patrono.

O advogado poderá se retirar do recinto onde esteja aguardando pregão para ato judicial, caso a autoridade que deva presidir ao ato não tenha comparecido e haja um atraso de no mínimo trinta minutos, mediante comunicação protocolizada em juízo (peticionamento).

Deve-se atentar que não é o caso de simples atraso em audiência. Neste caso, o advogado deve aguardar. A prerrogativa se refere à situação na qual o magistrado sequer está presente no local, razão pela qual não há motivo para a continuidade do aguardo do advogado.

Seguindo na análise das prerrogativas:

> XXI – assistir a seus clientes investigados durante a apuração de infrações, sob pena de nulidade absoluta do respectivo interrogatório ou depoimento e, subsequentemente, de todos os elementos investigatórios e probatórios dele decorrentes ou derivados, direta ou indiretamente, podendo, inclusive, no curso da respectiva apuração: (Incluído pela Lei nº 13.245, de 2016)
>
> a) apresentar razões e quesitos; (Incluído pela Lei nº 13.245, de 2016)
>
> b) (VETADO). (Incluído pela Lei nº 13.245, de 2016)
> (grifos nossos)

Trata-se do direito de o advogado acompanhar e orientar o seu cliente na apuração de infrações, apresentando razões (defender posições) e quesitos (formular perguntas).

Deve-se ter atenção cuidadosa à imunidade do advogado, pois houve falha na técnica legislativa em 2022 (ausência de votação pelo Parlamento), acarretando revogação da imunidade em relação a manifestações no exercício da profissão.

Saliente-se que já houve a tomada de providências para a correção do equívoco. Entretanto, ainda não está sanado. Observe-se a previsão originária, até o momento de confecção desta obra, revogada:

> § 2º O advogado tem imunidade profissional, não constituindo <u>injúria, difamação</u> ou desacato puníveis qualquer manifestação de sua parte, no exercício de sua atividade, em juízo ou fora dele, <u>sem prejuízo das sanções disciplinares</u> perante a OAB, pelos excessos que cometer. (Vide ADIN 1.127-8) (grifos nossos)

No exercício da profissão, em juízo ou fora (extrajudicialmente), até então, previa-se a imunidade do advogado, de modo que não constituía injúria ou difamação puníveis qualquer manifestação de sua parte. A imunidade já não alcançava a calúnia ou o desacato. Tal prerrogativa foi construída em virtude da natureza conflitiva da advocacia, garantindo liberdade na criação do discurso em prol do melhor interesse do cliente, sem haver insegurança para o profissional.

Com a imunidade, inviabilizaria-se, até mesmo, a responsabilização civil do advogado. Sem desconsiderar a possibilidade de repercussão administrativa (disciplinar) perante o Tribunal de Ética e Disciplina. Sem enganos, direitos não são absolutos e excessos praticados por advogados serão punidos.

Dentro desse contexto, segue posição firmada pelo Superior Tribunal de Justiça – STJ em 2018:

> RECURSO ESPECIAL. DIREITO CIVIL E PROCESSUAL CIVIL. PRELIMINARES. SUSPENSÃO DO PROCESSO

CÍVEL. DESNECESSIDADE. INDEPENDÊNCIA DAS INSTÂNCIAS. AUDIÊNCIA DE CONCILIAÇÃO. DESNECESSIDADE. JULGAMENTO ANTECIPADO. POSSIBILIDADE. JULGAMENTO EXTRA PETITA. NÃO COMPROVADO. NULIDADES. AFASTAMENTO. ADVOGADO. ESTATUTO DA OAB. IMUNIDADE PROFISSIONAL RELATIVA. LEGALIDADE E RAZOABILIDADE. <u>OFENSAS À MAGISTRADA. EXCESSO DE LINGUAGEM. FALSA IMPUTAÇÃO DE CRIME. DANO MORAL. CONFIGURAÇÃO. DEVER DE INDENIZAR. VALOR DA INDENIZAÇÃO. PROPORCIONALIDADE.</u> REVISÃO. NÃO CABIMENTO. SÚMULA Nº 7/STJ. 1. [...] 5. A imunidade conferida ao advogado para o pleno exercício de suas funções não possui caráter absoluto, devendo observar os parâmetros da legalidade e da razoabilidade e não abarcando violações de direitos da personalidade, notadamente da honra e da imagem de outras partes ou profissionais que atuem no processo. Precedentes. 6. O princípio da boa-fé processual impõe que todos os sujeitos do processo se pautem por critérios de lealdade e cooperação mútua para realização da justiça. 7. No caso concreto, as instâncias ordinárias decidiram pela procedência do pleito da autora, entendendo que a requerida extrapolou os limites do exercício da advocacia ao tecer comentários ofensivos, satíricos e desnecessários à defesa dos interesses da parte representada, além de realizar acusações infundadas e desproporcionais contra a magistrada, imputando-lhe falsamente a prática de prevaricação e fraude processual. 8. Na hipótese, não é cabível a revisão do montante fixado a título de indenização por danos morais (R$ 20.000,00 - vinte mil reais) por não se mostrar irrisório ou abusivo, haja vista o quadro fático delineado nas instâncias locais, sob pena de afronta à Súmula nº 7/STJ. 9. A quantificação do dano extrapatrimonial deve levar em consideração parâmetros como a capacidade econômica dos ofensores, as condições pessoais das vítimas e o caráter pedagógico e sancionatório da indenização, critérios cuja valoração requer o exame do conjunto fático-probatório. 10. Recurso especial não provido.

(REsp 1677957/PR, Rel. Ministro RICARDO VILLAS BÔAS CUEVA, TERCEIRA TURMA, julgado em 24/04/2018, DJe 30/04/2018) (grifos nossos)

A criminalização de violação a prerrogativas sempre foi uma luta da advocacia, compreendendo a importância para o exercício da profissão. As disposições previstas na lei de abuso de autoridade, antes relacionadas, são muito significativas, havendo ainda no próprio EAOAB, a seguinte disposição, estabelecida em 2019:

Art. 7º-B Constitui crime violar direito ou prerrogativa de advogado previstos nos incisos II, III, IV e V do *caput* do art. 7º desta Lei: (Incluído pela Lei nº 13.869. de 2019)

Pena – detenção, de 2 (dois) a 4 (quatro) anos, e multa. (Redação dada pela Lei nº 14.365, de 2022)

Ou seja, criminalização de violação às seguintes prerrogativas estatutárias:

II – a inviolabilidade de seu escritório ou local de trabalho, bem como de seus instrumentos de trabalho, de sua correspondência escrita, eletrônica, telefônica e telemática, desde que relativas ao exercício da advocacia; (Redação dada pela Lei nº 11.767, de 2008)

III – comunicar-se com seus clientes, pessoal e reservadamente, mesmo sem procuração, quando estes se acharem presos, detidos ou recolhidos em estabelecimentos civis ou militares, ainda que considerados incomunicáveis;

IV - ter a presença de representante da OAB, quando preso em flagrante, por motivo ligado ao exercício da advocacia, para lavratura do auto respectivo, sob pena de nulidade e, nos demais casos, a comunicação expressa à seccional da OAB;

V - não ser recolhido preso, antes de sentença transitada em julgado, senão em sala de Estado Maior, com instalações e comodidades condignas, assim reconhecidas pela OAB, e, na sua falta, em prisão domiciliar; (Vide ADIN 1.127-8)

QUESTÕES

Ano: 2011 **Banca:** FGV Órgão: OAB **Prova:** FGV – 2011 – OAB – Exame de Ordem Unificado – III – Primeira Fase

Tertúlio, advogado, testemunha a ocorrência de um acidente de trânsito sem vítimas, envolvendo quatro veículos automotores. Seus dados e sua qualificação profissional constam nos registros do evento. Posteriormente, em ação de responsabilidade civil, o advogado Tertúlio é arrolado como testemunha por uma das partes. No dia designado para o seu depoimento, alega que estaria impossibilitado de realizar o ato porque uma das pessoas envolvidas poderia contratá-lo como profissional, embora, naquele momento, nenhuma delas tivesse manifestado qualquer intenção nesse sentido. A respeito do tema, é correto dizer que

Alternativas

- **A.** O advogado é suspeito para prestar depoimento no caso em tela.
- **B.** A possibilidade decorre da ausência de efetiva atuação profissional.

C. O depoimento do advogado, no caso, é facultativo.

D. Somente poderia prestar depoimento após a intervenção de todas as partes no processo.

> **Resposta correta:** Item b. O advogado pode se recusar a depor como testemunha em processos nos quais atuou ou que vá atuar. No caso, não há efetiva atuação profissional ou real expectativa de atuação, razão pela qual o depoimento deve ser prestado.

Ano: 2010 **Banca:** FGV Órgão: OAB **Prova:** FGV – 2010 – OAB – Exame de Ordem Unificado – II – Primeira Fase

Francisco, advogado, dirige-se, com seu cliente, para participar de audiência em questão cível, designada para a colheita de provas e depoimento pessoal. O ato fora designado para iniciar às 13 horas. Como é de praxe, adentraram o recinto forense com meia hora de antecedência, sendo comunicados pelo Oficial de Justiça que a pauta de audiências continha dez eventos e que a primeira havia iniciado às dez horas, já caracterizado um atraso de uma hora, desde a audiência inaugural.

A autoridade judicial encontrava-se presente no foro desde as nove horas da manhã, para despachos em geral, tendo iniciado a primeira audiência no horário aprazado. Após duas horas de atraso, Francisco informou, por escrito, ao Chefe do Cartório Judicial, que, diante do ocorrido, ele e seu cliente estariam se retirando do recinto.

Diante do narrado, à luz das normas estatutárias

A. Qualquer atraso superior à uma hora justifica a retirada do recinto, pelo advogado.

B. O advogado deveria, no caso narrado, peticionar ao Magistrado e retirar-se do recinto.

C. O atraso que justifica a retirada do advogado está condicionado à ausência da autoridade judicial no evento.

D. Meros atrasos da autoridade judicial não permitem a retirada do advogado do recinto.

> **Resposta correta:** Item c. O advogado apenas poderá se retirar, comunicando ao juízo a situação, caso a autoridade responsável por presidir o ato não esteja presente. O mero atraso na realização da audiência não justifica a retirada do causídico.

A Lei nº 13.363/2016 incluiu de forma específica os direitos da advogada gestante, lactante, adotante ou que der à luz, conforme disciplina do art. 7º-A. A advogada gestante poderá entrar em tribunais sem a submissão a detector de metais e aparelhos de raios X, uma preocupação com possíveis impactos na formação do bebê, além de ter reserva de vaga de garagem em fórum, facilitando sua locomoção durante a gestação.

A advogada lactante, adotante ou que der à luz deverá ter acesso à creche ou local adequado ao atendimento das necessidades do bebê, como ocorre em tribunais superiores, vez que há estrutura à disposição. Infelizmente, não será todo e qualquer lugar que terá uma estrutura básica.

A gestante, lactante, adotante ou que der à luz terão preferência na ordem das sustentações orais e das audiências a serem realizadas. Para fazer valer o direito, devem peticionar nos autos neste sentido, demonstrando a condição diferenciada existente.

A advogada adotante e que der à luz poderão solicitar a suspensão dos prazos processuais quando forem as únicas patronas, notificando o cliente por escrito, sem que haja necessidade de uma autorização, é um simples aviso.

Em relação à duração das prerrogativas:

§ 1º Os direitos previstos à advogada gestante ou lactante aplicam-se enquanto perdurar, respectivamente, o estado gravídico ou o período de amamentação. (Incluído pela Lei nº 13.363, de 2016)

§ 2º Os direitos assegurados nos incisos II e III deste artigo à advogada adotante ou que der à luz serão concedidos pelo prazo previsto no art. 392 do Decreto-Lei nº 5.452, de 1º de maio de 1943 (Consolidação das Leis do Trabalho). (Incluído pela Lei nº 13.363, de 2016)

O parágrafo segundo acima indicado refere-se às seguintes prerrogativas:

II - lactante, adotante ou que der à luz, acesso a creche, onde houver, ou a local adequado ao atendimento das necessidades do bebê; (Incluído pela Lei nº 13.363, de 2016)

III - gestante, lactante, adotante ou que der à luz, preferência na ordem das sustentações orais e das audiências a serem realizadas a cada dia, mediante comprovação de sua condição; (Incluído pela Lei nº 13.363, de 2016)

O prazo de duração do direito, sem haver um real sentido nisso, acaba por ser de apenas cento e vinte dias, em virtude da opção legislativa na realização de referência ao art. 392 da CLT.

Para finalizar, em relação ao direito à suspensão dos prazos, tem-se:

§ 3º O direito assegurado no inciso IV deste artigo à advogada adotante ou que der à luz será concedido pelo prazo previsto no § 6º do art. 313 da Lei nº 13.105, de 16 de março de 2015 (Código de Processo Civil). (Incluído pela Lei nº 13.363, de 2016)

Conforme a previsão do CPC:

Art. 313. CPC. Suspende-se o processo:

IX – pelo parto ou pela concessão de adoção, quando a advogada responsável pelo processo constituir a única patrona da causa; (Incluído pela Lei nº 13.363, de 2016)

X – quando o advogado responsável pelo processo constituir o único patrono da causa e tornar-se pai. (Incluído pela Lei nº 13.363, de 2016)

§ 6º No caso do inciso IX, o período de suspensão será de 30 (trinta) dias, contado a partir da data do parto ou da concessão da adoção, mediante apresentação de certidão de nascimento ou documento similar que comprove a realização do parto, ou de termo judicial que tenha concedido a adoção, desde que haja notificação ao cliente. (Incluído pela Lei nº 13.363, de 2016)

§ 7º No caso do inciso X, o período de suspensão será de 8 (oito) dias, contado a partir da data do parto ou da concessão da adoção, mediante apresentação de certidão de nascimento ou documento similar que comprove a realização do parto, ou de termo judicial que tenha concedido a adoção, desde que haja notificação ao cliente. (Incluído pela Lei nº 13.363, de 2016) (grifos nossos)

QUESTÕES

Ano: 2021 **Banca:** FGV Órgão: OAB **Prova:** FGV – 2021 – OAB – Exame de Ordem Unificado XXXII – Primeira Fase

Maria, advogada, adotou o recém-nascido João. A fim de organizar sua rotina, Maria verifica que tem contestação a apresentar em quinze dias e audiência agendada em quarenta dias, em processos distintos, nos quais figura como única advogada das partes que representa.

Sobre a situação apresentada, assinale a afirmativa correta.

- **A.** Maria, ao comparecer ao fórum para a realização da audiência, terá direito a reserva de vaga na garagem.
- **B.** Maria terá preferência de ordem para a realização da audiência, mediante comprovação de sua condição.
- **C.** Maria terá o prazo para apresentar a contestação interrompido, desde que notifique o cliente por escrito.
- **D.** Maria, ao comparecer ao fórum para a realização da audiência, não deverá ser submetida a detectores de metais e aparelhos de raios-X, se estiver acompanhada de João.

Resposta correta: Item b. Como advogada adotante, terá preferência na ordem para a realização de audiência, desde que demonstre sua condição.

Ano: 2018 **Banca:** FGV Órgão: OAB **Prova:** FGV – 2018 – OAB – Exame de Ordem Unificado – XXVII – Primeira Fase

A advogada Mariana, gestante, ao ingressar em certo Tribunal de Justiça, foi solicitada a passar por aparelho de raios-X e por detector de metais.

Considerando o caso narrado, de acordo com o Estatuto da Advocacia e da OAB, assinale a afirmativa correta.

A. Mariana tem o direito de não ser submetida a aparelho de raios-X, embora deva passar pelo detector de metais, independentemente de motivação.

B. Mariana tem o direito de não ser submetida a aparelho de raios-X. Quanto ao detector de metais, deverá passar pelo aparelho apenas se evidenciada situação especial de segurança, em ato motivado.

C. Mariana deverá, por medida de segurança, passar pelo aparelho de raios-X e pelo detector de metais, a menos que haja contraindicação médica expressa.

D. Mariana tem o direito, independentemente do teor da alegação sobre segurança, de não ser submetida ao detector de metais, nem ao aparelho de raios-X.

Resposta correta: Item d. Conforme previsto no EAOAB, a advogada gestante não terá que se submeter a detectores de metais ou aparelhos de raios-X.

CAPÍTULO II
INSCRIÇÃO NA OAB

2.1. INSCRIÇÃO NA OAB

O artigo oitavo do EAOAB traz os requisitos que precisam ser preenchidos para a viabilização de inscrição nos quadros da OAB, razão pela qual fica claro que cursar direito e realizar o exame de ordem são apenas dois dos fatores indispensáveis. A capacidade civil, por exemplo, é indispensável para a inscrição como advogado e para a manutenção da inscrição.

O diploma ou a certidão de graduação em direito (com histórico escolar, conforme o RG), obtido em instituição de ensino autorizada e credenciada pelo Ministério da Educação será fundamental, sendo possível que o estrangeiro ou o brasileiro, que não tenham realizado a graduação em direito no Brasil, busquem a inscrição, desde que preencham todos os demais requisitos e revalidem o título de graduação em território nacional, conforme parágrafo segundo do artigo oitavo.

> § 2º O estrangeiro ou brasileiro, quando não graduado em direito no Brasil, deve fazer prova do título de graduação, obtido em instituição estrangeira, <u>devidamente revalidado</u>, além de atender aos demais requisitos previstos neste artigo.

Atenção, o advogado de nacionalidade portuguesa, em situação regular na ordem dos advogados portugueses, poderá buscar inscrição na ordem brasileira, sendo dispensada a necessidade de aprovação em exame de ordem, bem como a revalidação do título da graduação, conforme o provimento nº 129/2008 do Conselho Federal. Advogados brasileiros terão tratamento similar em Portugal.

Saliente-se que o advogado estrangeiro poderá atuar no Brasil, sem inscrição, excepcionalmente, para consultas ou assessoria em direito estrangeiro, correspondente ao seu estado de origem (sem envolver o direito brasileiro, portanto).

Continuando com os requisitos gerais, será exigido o título de eleitor e a quitação do serviço militar (para homens), se brasileiro, bem como a aprovação no exame de ordem, regulamentado pelo Conselho Federal da OAB (provimento 144/2011). Destaca-se que o certificado de aprovação no exame não possui prazo de validade, de modo que, após a aprovação, será possível buscar a inscrição nos quadros a qualquer momento.

A título de curiosidade, existem situações de dispensa da realização do Exame de Ordem para postulantes à advocacia, como no caso dos advogados portugueses e também para os brasileiros oriundos da magistratura e do Ministério Público, conforme o provimento 144/2011 do Conselho Federal. Parte-se da ideia que os integrantes das mencionadas carreiras já realizam prova (concurso) que exige elevado conhecimento jurídico, afastando a necessidade do exame de ordem.

Para a inscrição não será possível o exercício de atividade incompatível com a advocacia, matéria que será abordada nas linhas seguintes. A título de exemplo, magistrado exerce atividade incompatível com a advocacia, bem como membros do MP, que devem, destarte, se desincompatibilizar (deixar o funcionalismo público) para que seja possível que se tornem advogados.

A idoneidade moral é outro requisito indispensável. Neste ponto, deve-se destacar os parágrafos terceiro e quarto do artigo oitavo.

§ 3º A inidoneidade moral, suscitada por qualquer pessoa, deve ser declarada mediante decisão que obtenha no mínimo <u>dois terços dos votos de todos os membros do conselho competente</u>, em procedimento que observe os termos do processo disciplinar.

§ 4º Não atende ao requisito de idoneidade moral aquele que tiver sido condenado por crime infamante, <u>salvo reabilitação judicial. (grifos nossos)</u>

A inidoneidade poderá ser suscitada por qualquer pessoa, havendo um procedimento a ser observado, ou seja, necessidade de declaração por dois terços dos votos de todos os membros do conselho seccional competente, um processo incidental ao de inscrição, que deve observar o processo disciplinar (contraditório e a ampla defesa).

A idoneidade moral é um requisito para inscrição e para continuidade da inscrição (possibilidade de exclusão dos quadros). Não atenderá ao requisito os praticantes de crimes infamantes, isto é, crimes de grave repercussão/ reprovação social (não havendo um rol fechado/taxativo).

Exemplos de crimes infamantes, conforme interpretação do conselho pleno da OAB, o que orienta os diversos conselhos seccionais.

SÚMULA nº 09/2019/COP. INIDONEIDADE MORAL. VIOLÊNCIA CONTRA A MULHER. ANÁLISE DO CONSELHO SECCIONAL DA OAB. Requisitos para a inscrição nos quadros da Ordem dos Advogados do Brasil. Inidoneidade moral. <u>A prática de violência contra a mulher</u>, assim definida na "Convenção Interamericana para Prevenir, Punir e Erradicar a Violência contra a Mulher – 'Convenção de Belém do Pará' (1994)", <u>constitui fator apto a demonstrar a ausência de idoneidade moral para a inscrição de bacharel em Direito nos</u>

quadros da OAB, independente da instância criminal, assegurado ao Conselho Seccional a análise de cada caso concreto.

SÚMULA nº 10/2019/COP. INIDONEIDADE MORAL. VIOLÊNCIA CONTRA CRIANÇAS E ADOLESCENTES, IDOSOS E PESSOAS COM DEFICIÊNCIA FÍSICA OU MENTAL. ANÁLISE DO CONSELHO SECCIONAL DA OAB. Requisitos para a inscrição nos quadros da Ordem dos Advogados do Brasil. Inidoneidade moral. <u>A prática de violência contra crianças e adolescentes, idosos e pessoas com deficiência física ou mental constitui fator apto a demonstrar a ausência de idoneidade moral para a inscrição de bacharel em Direito nos quadros da OAB, independente da instância criminal</u>, assegurado ao Conselho Seccional a análise de cada caso concreto.

SÚMULA nº 11/2019/COP. INIDONEIDADE MORAL. VIOLÊNCIA CONTRA PESSOA LGBTI+. ANÁLISE DO CONSELHO SECCIONAL DA OAB. Requisitos para a inscrição nos quadros da Ordem dos Advogados do Brasil. Inidoneidade moral. <u>A prática de violência contra pessoas LGBTI+, em razão da Orientação Sexual, Identidade de Gênero e Expressão de Gênero, constitui fator apto a demonstrar a ausência de idoneidade moral para inscrição de bacharel em Direito nos quadros da OAB, independente da instância criminal</u>, assegurado ao Conselho Seccional a análise do cada caso concreto. (grifos nossos)

Deixe-se claro que não existem sanções perpétuas no nosso ordenamento, razão pela qual a reabilitação judicial, nos termos do art. 94 do CP, viabiliza a realização de inscrição nos quadros da OAB.

O último requisito para a inscrição como advogado se refere à necessidade de prestar compromisso perante o conselho, aqui um ato personalíssimo, que não admite representação por procuração.

> Art. 20. RG. O requerente à inscrição principal no quadro de advogados presta o seguinte compromisso perante o Conselho Seccional, a Diretoria ou o Conselho da Subseção: "Prometo exercer a advocacia com dignidade e independência, observar a ética, os deveres e prerrogativas profissionais e defender a Constituição, a ordem jurídica do Estado Democrático, os direitos humanos, a justiça social, a boa aplicação das leis, a rápida administração da justiça e o aperfeiçoamento da cultura e das instituições jurídicas." § 1º É indelegável, por sua natureza solene e personalíssima, o compromisso referido neste artigo. § 2º A conduta incompatível com a advocacia, comprovadamente imputável ao requerente, impede a inscrição no quadro de advogados. (grifos nossos)

Para a inscrição de estagiário nos quadros da OAB, será necessário observar o artigo nono do EAOAB. Dentre os requisitos, alguns dos destinados aos advogados (inciso I), quais sejam: capacidade civil; título de eleitor e quitação do serviço militar, se brasileiro; não exercício de atividade incompatível com a advocacia; idoneidade moral; e compromisso perante o conselho.

De forma específica, será indispensável ter sido admitido em estágio profissional de advocacia (inciso II). Nestes termos, verifique-se o parágrafo primeiro do artigo nono que permite compreender o estágio profissional:

> § 1º O estágio profissional de advocacia, com duração de dois anos, realizado nos últimos anos do curso jurídico, pode ser mantido pelas respectivas instituições de ensino superior pelos Conselhos da OAB, ou por setores,

> órgãos jurídicos e escritórios de advocacia credenciados pela OAB, sendo obrigatório o estudo deste Estatuto e do Código de Ética e Disciplina. (grifos nossos)

O estágio profissional será realizado somente a partir do sétimo semestre. Sem equívocos, isso não significa que não possa ser realizado estágio antes dos dois últimos anos do curso, apenas não será possível a inscrição na OAB como estagiário em momento diverso do indicado em lei.

Poderá ser o estágio referente ao núcleo de prática jurídica mantido por instituição de ensino credenciada pela OAB ou por setores, órgãos jurídicos e escritórios de advocacia credenciados.

A inscrição do estagiário deverá ser feita no Conselho Seccional em cujo território se localiza o curso jurídico do pretenso estagiário. Não se deve considerar, dessa forma, o domicílio do postulante.

Caso o estudante de direito exerça atividade incompatível com a advocacia, não poderá obter sua inscrição nos quadros como estagiário. Contudo, será possível que frequente o estágio da instituição de ensino superior para fins de aprendizagem.

O estágio profissional, diferentemente do que se possa imaginar em um primeiro momento, poderá ser cumprido por bacharel em Direito, aquele que já se formou, sem haver indicação legal de limitação temporal para o estágio.

O contexto de pandemia, iniciado em 2020, fez com que novas previsões fossem acrescidas ao estatuto da advocacia, versando sobre estágio em regime de teletrabalho, bem como sobre a concessão pela parte contratante de equipamentos e materiais.

> § 5º Em caso de pandemia ou em outras situações excepcionais que impossibilitem as atividades presenciais, declaradas pelo poder público, o estágio profissional poderá ser realizado no regime de teletrabalho ou de trabalho a distância em sistema remoto ou não,

por qualquer meio telemático, sem configurar vínculo de emprego a adoção de qualquer uma dessas modalidades. (Incluído pela Lei nº 14.365, de 2022) (grifos nossos)

§ 6º Se houver concessão, pela parte contratante ou conveniada, de equipamentos, sistemas e materiais ou reembolso de despesas de infraestrutura ou instalação, todos destinados a viabilizar a realização da atividade de estágio prevista no § 5º deste artigo, essa informação deverá constar, expressamente, do convênio de estágio e do termo de estágio. (Incluído pela Lei nº 14.365, de 2022)

QUESTÕES

Ano: 2021 **Banca:** FGV Órgão: OAB **Prova:** FGV – 2021 – OAB – Exame de Ordem Unificado XXXIII – Primeira Fase

Lia, aluna do oitavo período de uma Faculdade de Direito, obteve de certo escritório de advocacia a proposta de um estágio profissional. Assim, pretende providenciar sua inscrição como estagiária junto à OAB.

Lia deverá requerer sua inscrição como estagiária junto ao Conselho Seccional em cujo território se situa

- **A.** A sede do escritório onde atuará.
- **B.** A sede principal da sua atividade de estagiária de advocacia.
- **C.** O seu domicílio de pessoa física.
- **D.** A Faculdade de Direito em que estuda.

Resposta correta: Item d. Conforme o estatuto, a inscrição deve ser solicitada junto ao Conselho em cujo território se localiza o curso jurídico frequentado.

Ano: 2018 **Banca:** FGV Órgão: OAB **Prova:** FGV – 2018 – OAB – Exame de Ordem Unificado – XXVII – Primeira Fase

Lúcio pretende se inscrever como advogado junto à OAB. Contudo, ocorre que ele passou por determinada situação conflituosa que foi intensamente divulgada na mídia, tendo sido publicado, em certos jornais, que Lúcio não teria idoneidade moral para o exercício das atividades de advogado.

Considerando que Lúcio preenche, indubitavelmente, os demais requisitos para a inscrição, de acordo com o Estatuto da Advocacia e da OAB, assinale a afirmativa correta.

- **A.** A inidoneidade moral apenas poderá ser suscitada junto à OAB por advogado inscrito e deve ser declarada por meio de decisão da diretoria do conselho competente, por maioria absoluta, em procedimento que observe os termos do processo disciplinar.
- **B.** A inidoneidade moral poderá ser suscitada junto à OAB por qualquer pessoa e deve ser declarada por meio de decisão de, no mínimo, dois terços dos votos de todos os membros do conselho competente, em procedimento que observe os termos do processo disciplinar.
- **C.** A inidoneidade moral apenas poderá ser suscitada junto à OAB por advogado inscrito e deve ser declarada por meio de decisão, por maioria absoluta, de todos os membros do conselho competente, em procedimento que observe os termos do processo disciplinar.
- **D.** A inidoneidade moral poderá ser suscitada junto à OAB por qualquer pessoa e deve ser declarada por meio de decisão, por maioria simples, do Tribunal de Ética e Disciplina

do conselho competente, em procedimento que observe os termos do processo disciplinar.

> **Resposta correta:** Item b. A inidoneidade moral poderá ser suscitada realmente por qualquer pessoa, sem distinções, devendo ser declarada por meio de decisão de, no mínimo, dois terços dos votos de todos os membros do conselho competente, e não do Tribunal de Ética, em procedimento que observe os termos do processo disciplinar, com contraditório e ampla defesa.

2.2. TIPOS DE INSCRIÇÃO

A inscrição principal permite que o advogado exerça de forma ilimitada a advocacia judicial no território do Conselho Seccional respectivo. O fator a ser levado em consideração para a definição do conselho no qual a inscrição principal deverá ser realizada é o domicílio profissional, conforme art. 10 do EAOAB.

Considera-se domicílio profissional a sede principal da atividade de advocacia. Na falta de domicílio ou havendo dúvida, prevalece o domicílio da pessoa física.

Caso o advogado queira exercer a advocacia com habitualidade perante outra unidade da federação/ conselho seccional, será necessário realizar o pedido de inscrição suplementar. Do contrário, haveria o exercício irregular da profissão, mesmo sem acarretar vício processual, vez que efetivamente existe a capacidade postulatória do profissional.

Para compreensão da habitualidade, deve-se pensar em uma atuação judicial que supere cinco causas por ano na unidade da federação. Assim, o causídico possui direito a cinco novas demandas por ano, sem prejuízos pela continuidade do transcurso de processos de anos anteriores.

Já em relação à atuação extrajudicial, os advogados não precisam se preocupar com inscrições suplementares. Basta ter uma inscrição regular para a prática de atos extrajudiciais privativos em todo o Estado brasileiro.

> Art. 10. EAOAB. A <u>inscrição principal</u> do advogado deve ser feita no Conselho Seccional em cujo território pretende estabelecer o seu domicílio profissional, na forma do regulamento geral.
>
> § 1º Considera-se domicílio profissional a sede principal da atividade de advocacia, prevalecendo, <u>na dúvida, o domicílio da pessoa física do advogado.</u>
>
> § 2º Além da principal, o advogado deve promover a <u>inscrição suplementar</u> nos Conselhos Seccionais em cujos territórios passar a exercer habitualmente a profissão considerando-se habitualidade a <u>intervenção judicial</u> que exceder de cinco causas por ano. (grifos nossos)
>
> Art. 26. RG. O advogado fica dispensado de comunicar o exercício eventual da profissão, até o total de cinco causas por ano, acima do qual se obriga à inscrição suplementar. (grifos nossos)

Deixe-se clara a desnecessidade de inscrição suplementar para atuação em Tribunais Superiores e Tribunais Regionais Federais, desde que o advogado esteja inscrito em um dos conselhos seccionais da OAB abrangidos pela jurisdição dos Tribunais.

Para finalizar o tópico, modificando o domicílio profissional, o causídico deverá transferir sua inscrição principal para o conselho correspondente.

> § 3º No caso de mudança efetiva de domicílio profissional para outra unidade federativa, deve o advogado requerer a transferência de sua inscrição para o Conselho Seccional correspondente.

§ 4º O Conselho Seccional deve suspender o pedido de transferência ou de inscrição suplementar, ao verificar a existência de vício ou ilegalidade na inscrição principal, contra ela representando ao Conselho Federal. (grifos nossos)

QUESTÃO

Ano: 2011 **Banca:** FGV Órgão: OAB **Prova:** FGV – 2011 – OAB – Exame de Ordem Unificado – IV – Primeira Fase

Semprônio reside no Estado W, onde mantém o seu escritório de advocacia, mas requer sua inscrição principal no Estado K, onde, em alguns anos, pretende estabelecer domicílio. No concernente ao tema, à luz das normas estatutárias, é correto afirmar que

- **A.** O advogado pode eleger qualquer seccional para inscrição principal ao seu arbítrio.
- **B.** O Conselho Federal pode autorizar a inscrição principal fora da sede do escritório do advogado.
- **C.** Na dúvida entre domicílios, prevalece o da sede principal do exercício da advocacia.
- **D.** A inscrição principal está subordinada ao domicílio profissional do advogado.

Resposta correta: Item D. A advogada estabelecerá o local de inscrição principal a partir de seu domicílio profissional.

2.3. CANCELAMENTO E LICENÇA

Cancelamento e licença possuem uma consequência comum, a desnecessidade de pagamento de anuidade. Todavia, possuem aspectos bastante distintos. O cancelamento leva ao rompimento do vínculo do advogado com a OAB, deixando de ser advogado.

Com a licença há o afastamento temporário, não será possível exercer a advocacia durante o período, mas o vínculo com a OAB não foi rompido, preserva-se o número da OAB do advogado.

Nos termos do EAOAB, o cancelamento da inscrição ocorrerá com o requerimento voluntário (manifestação do desejo de não mais advogar), a exclusão (sanção após um processo administrativo disciplinar), o falecimento (fim da pessoa natural), o exercício de atividade incompatível com a advocacia (o que inviabiliza a continuidade da advocacia) e a perda de qualquer requisito para a inscrição (requisitos para se inscrever e continuar inscrito).

O conselho seccional competente agirá de ofício na hipótese de penalidade de exclusão, no caso de falecimento ou no exercício de atividade incompatível com a advocacia.

> Art. 11. EAOAB. Cancela-se a inscrição do profissional que:
>
> I – assim o requerer;
>
> II – sofrer penalidade de exclusão;
>
> III – falecer;
>
> IV – passar a exercer, em caráter definitivo, atividade incompatível com a advocacia;
>
> V – perder qualquer um dos requisitos necessários para inscrição.

> § 1º Ocorrendo uma das hipóteses dos incisos II, III e IV, <u>o cancelamento deve ser promovido, de ofício, pelo conselho competente ou em virtude de comunicação por qualquer pessoa.</u> (grifos nossos)

Todas as hipóteses de cancelamento, exceto o falecimento, possibilitarão novo pedido de inscrição, viabilizando o estabelecimento de um novo número de OAB.

Para tanto, o advogado deverá fazer prova da capacidade civil, do não exercício de atividade incompatível com a advocacia, de idoneidade moral, bem como prestar novo compromisso perante o Conselho.

No caso de ter ocorrido o cancelamento da inscrição por penalidade de exclusão dos quadros, será necessário fazer prova de reabilitação. Deixa-se clara a desnecessidade de realização de um novo exame de ordem. Apenas uma única aprovação será necessária.

> § 2º Na hipótese de novo pedido de inscrição – <u>que não restaura o número de inscrição anterior</u> – deve o interessado fazer prova dos requisitos dos incisos I, V, VI e VII do art. 8º.
>
> § 3º Na hipótese do inciso II deste artigo, o novo pedido de inscrição também deve ser acompanhado de provas de reabilitação. (grifos nossos)

O pedido de licença leva à compreensão do afastamento temporário da advocacia, o que faz com que não seja devida a anuidade profissional, inviabilizando também o exercício da profissão.

Pode decorrer de um simples requerimento do causídico que pretende deixar de exercer a advocacia por um dado período, por exemplo, para realizar um mestrado/doutorado no exterior, para o exercício de atividade incompatível com a advocacia de maneira temporária, como no caso de eleição para prefeito ou governador, ou situação relacionada à saúde, a existência de uma doença mental considerada curável, como depressão ou ansiedade.

> Art. 12. EAOAB. Licencia-se o profissional que:
>
> I – assim o requerer, por motivo justificado;
>
> II – passar a exercer, em caráter temporário, atividade incompatível com o exercício da advocacia;
>
> III – sofrer doença mental considerada curável.

QUESTÃO

Ano: 2019 **Banca:** FGV Órgão: OAB **Prova:** FGV – 2019 – OAB – Exame de Ordem Unificado XXX – Primeira Fase

Jailton, advogado, após dez anos de exercício da advocacia, passou a apresentar comportamentos incomuns. Após avaliação médica, ele foi diagnosticado com uma doença mental curável, mediante medicação e tratamento bastante demorado.

Segundo as disposições do Estatuto da Advocacia e da OAB, o caso do advogado Jailton incide em causa de

- **A.** Suspensão do exercício profissional.
- **B.** Impedimento para o exercício profissional.
- **C.** Cancelamento da inscrição profissional.
- **D.** Licença do exercício profissional.

Resposta correta: Item d. Doença mental curável justifica o pedido de licença, afastamento temporário da advocacia.

2.4. DOCUMENTO DE IDENTIFICAÇÃO E NOME SOCIAL

O documento de identidade profissional, corriqueiramente chamado de "OAB", é de uso obrigatório, constituindo prova de identidade civil para todos os fins legais. Todos os documentos assinados pelo advogado, durante a atuação profissional, deverão ter indicação do nome e do número de inscrição.

Até mesmo na divulgação de atividade de advocacia será indispensável a indicação do nome e do número de inscrição dos advogados que integrem o escritório ou do número de registro da sociedade de advogados na OAB, permitindo o controle da publicidade realizada, nos termos dos artigos 13 e 14 do EAOAB.

Disposição significativa está expressa no RG acerca da utilização do nome social, designação de identificação da advogada travesti ou transexual:

> Art. 33. RG. [...]
>
> Parágrafo único. O nome social é a designação pela qual a pessoa travesti ou transexual se identifica e é socialmente reconhecida e será inserido na identificação do advogado mediante requerimento.
>
> Art. 34. O cartão de identidade tem o mesmo modelo e conteúdo do cartão de identificação pessoal (registro geral), com as seguintes adaptações, segundo o modelo aprovado pela Diretoria do Conselho Federal:
>
> II – O anverso contém os seguintes dados, nesta sequência: Ordem dos Advogados do Brasil, Conselho Seccional de (...), Identidade de Advogado (em destaque), nº da inscrição, nome, nome social, filiação, naturalidade, data do nascimento e data da expedição, e a assinatura do Presidente, podendo ser acrescentados os dados de identificação de registro geral, de CPF, eleitoral e outros; (NR)

Dessa forma, no caso de escolha de indicação do nome social, no anverso da carteira de identificação profissional do advogado transexual ou da advogada travesti ou transexual terá, além do nome registral, a designação de identificação social.

QUESTÃO

Ano: 2019 **Banca:** FGV Órgão: OAB **Prova:** FGV – 2019 – OAB – Exame de Ordem Unificado XXX – Primeira Fase

Maria, formada em uma renomada faculdade de Direito, é transexual. Após a aprovação no Exame de Ordem e do cumprimento dos demais requisitos, Maria receberá a carteira de identidade de advogado, relativa à sua inscrição originária. Sobre a hipótese apresentada, de acordo com o disposto na Lei nº 8.906/94 e no Regulamento Geral do Estatuto da Advocacia e da OAB, assinale a afirmativa correta.

A. É admitida a inclusão do nome social de Maria, em seguida ao nome registral, havendo exigência normativa de que este seja o nome pelo qual Maria se identifica e é socialmente reconhecida, mediante mero requerimento formulado pela advogada.

B. É admitida a inclusão do nome social de Maria, desde que, por exigência normativa, este seja o nome pelo qual Maria se identifica e que consta em registro civil de pessoas naturais, originariamente ou por alteração, mediante mero requerimento formulado pela advogada.

C. É admitida a inclusão do nome social de Maria, independentemente de menção ao nome registral, havendo exigência normativa de que este seja o nome pelo qual Maria se identifica, e é socialmente reconhecida, e de que haja prévia aprovação em sessão do Conselho Seccional respectivo.

D. Não há previsão na Lei nº 8.906/94 e no Regulamento Geral do Estatuto da Advocacia e da OAB sobre a inclusão do nome social de Maria na carteira de identidade do advogado, embora tal direito possa advir de interpretação do disposto na Constituição Federal, desde que haja cirurgia prévia de redesignação sexual e posterior alteração do nome registral da advogada para aquele pelo qual ela se identifica e é socialmente reconhecida.

> **Resposta correta:** Item a. O nome social será o nome pelo qual a pessoa se identifica e é socialmente reconhecida, passando a constar no documento de identificação por simples requerimento.

CAPÍTULO III
EXERCÍCIO DA ADVOCACIA

3.1. INCOMPATIBILIDADES E IMPEDIMENTOS

O EAOAB traz situações que, uma vez constatadas, impedirão o exercício da advocacia, incompatibilidades e impedimentos. A incompatibilidade inviabiliza por completo o exercício da advocacia, seja judicial ou extrajudicial, já o impedimento se refere a uma restrição ao exercício da advocacia.

> Art. 27. EAOAB. A incompatibilidade determina a proibição total, e o impedimento, a proibição parcial do exercício da advocacia.

Nos termos do art. 28 do EAOAB, a advocacia será incompatível, mesmo em causa própria, para:

> I – chefe do Poder Executivo e membros da Mesa do Poder Legislativo e seus substitutos legais;

Chefes dos poderes executivos (presidente, governadores e prefeitos), bem como seus substitutos legais (vices) exercem atividades incompatíveis. Os parlamentares, por sua vez, apenas exercerão atividades incompatíveis caso sejam membros das mesas dos poderes legislativos (eleitos por seus pares). Como a incompatibilidade aqui é temporária, basta que os advogados solicitem uma licença profissional.

II – membros de órgãos do Poder Judiciário, do Ministério Público, dos tribunais e conselhos de contas, dos juizados especiais, da justiça de paz, juízes classistas, bem como de todos os que exerçam função de julgamento em órgãos de deliberação coletiva da administração pública direta e indireta; (Vide ADIN 1.127-8)

O inciso segundo deixa clara a inviabilidade do exercício da advocacia (incompatibilidade) por membro do Judiciário, MP, tribunais e conselhos de contas, juizados especiais, justiça de paz (juiz de casamento), classistas (juízes leigos, indicados por sindicatos de empregadores e de trabalhadores para mandatos temporários na Justiça do Trabalho – figura extinta do ordenamento jurídico brasileiro pela Emenda Constitucional 24/99) e todos que exerçam função de julgamento em órgãos de deliberação coletiva da administração pública.

Existe uma exceção, o advogado que se torna juiz eleitoral (TSE ou TRE), a partir das regras constitucionais, poderá advogar, sendo inviável apenas sua atuação na própria justiça especializada (eleitoral).

Art. 119. CRFB. O Tribunal Superior Eleitoral compor-se-á, no mínimo, de sete membros, escolhidos:

I – mediante eleição, pelo voto secreto:

a) três juízes dentre os Ministros do Supremo Tribunal Federal;

b) dois juízes dentre os Ministros do Superior Tribunal de Justiça;

II – por nomeação do Presidente da República, dois juízes dentre seis advogados de notável saber jurídico e idoneidade moral, indicados pelo Supremo Tribunal Federal.

Parágrafo único. O Tribunal Superior Eleitoral elegerá seu Presidente e o Vice-Presidente dentre os Ministros do Supremo Tribunal Federal, e o Corregedor Eleitoral dentre os Ministros do Superior Tribunal de Justiça.

Art. 120. Haverá um Tribunal Regional Eleitoral na Capital de cada Estado e no Distrito Federal.

§ 1º – Os <u>Tribunais Regionais Eleitorais</u> compor-se-ão:

I – mediante eleição, pelo voto secreto:

a) de dois juízes dentre os desembargadores do Tribunal de Justiça;

b) de dois juízes, dentre juízes de direito, escolhidos pelo Tribunal de Justiça;

II – de um juiz do Tribunal Regional Federal com sede na Capital do Estado ou no Distrito Federal, ou, não havendo, de juiz federal, escolhido, em qualquer caso, pelo Tribunal Regional Federal respectivo;

III – por nomeação, pelo Presidente da República, <u>de dois juízes dentre seis advogados de notável saber jurídico e idoneidade moral, indicados pelo Tribunal de Justiça</u>.

§ 2º – O Tribunal Regional Eleitoral elegerá seu Presidente e o Vice-Presidente – dentre os desembargadores. (grifos nossos)

O legislador teve a preocupação de inviabilizar a advocacia para aqueles que ocupem cargos na administração e tenham poder decisório relevante sobre interesses de terceiros, diminuindo o espaço para comportamentos não republicanos.

Art. 28. III – ocupantes de cargos ou funções de direção em Órgãos da Administração Pública direta ou indireta, em suas fundações e em suas empresas controladas ou concessionárias de serviço público;

> § 2º Não se incluem nas hipóteses do inciso III <u>os que não detenham poder de decisão relevante sobre interesses de terceiro, a juízo do conselho competente da OAB, bem como a administração acadêmica diretamente relacionada ao magistério jurídico.</u> (grifos nossos)

Em que pese a existência de projetos de lei em sentido contrário, servidores do judiciário, cartório de notas e registro não podem exercer a advocacia.

> IV - <u>ocupantes de cargos ou funções vinculados direta ou indiretamente a qualquer órgão do Poder Judiciário</u> e os que exercem serviços notariais e de registro; (grifos nossos)

A previsão estatutária está de acordo com a Lei 13.316/15, referente àqueles que trabalham no Ministério Público.

> Lei nº 13.316/2015 Art. 21. Aos servidores efetivos, requisitados e sem vínculo do Ministério Público da União é vedado o exercício da advocacia e de consultoria técnica, ressalvado o disposto no art. 29 da Lei nº 8.906, de 4 de julho de 1994.

Tradicionalmente, entendia-se que ocupantes de cargos ou funções vinculadas à atividade policial (delegados, agentes, peritos etc.) exerciam atividade incompatível com a advocacia, bem como os militares.

> Art. 28. V - ocupantes de cargos ou funções vinculados direta ou indiretamente a atividade policial de qualquer natureza;
>
> VI - militares de qualquer natureza, na ativa;

Contudo, a atuação advocatícia será viável, desde que ocorra em causa própria. De forma delimitada, apenas para fins de defesa e tutela de direito pessoais, havendo a necessidade de uma inscrição especial junto aos quadros da OAB, vedada a participação em sociedade de advogados.

> § 3º <u>As causas de incompatibilidade previstas nas hipóteses dos incisos V e VI do *caput* deste artigo não se aplicam ao exercício da advocacia em causa própria</u>, estritamente para fins de <u>defesa e tutela de direitos pessoais</u>, desde que mediante <u>inscrição especial na OAB</u>, vedada a participação em sociedade de advogados. (Incluído pela Lei nº 14.365, de 2022)
>
> § 4º A inscrição especial a que se refere o § 3º deste artigo deverá constar do <u>documento profissional de registro na OAB e não isenta o profissional do pagamento da contribuição anual, de multas e de preços de serviços devidos à OAB</u>, na forma por ela estabelecida, vedada cobrança em valor superior ao exigido para os demais membros inscritos. (Incluído pela Lei nº 14.365, de 2022) (grifos nossos)

Seguindo no campo das incompatibilidades:

> VII – ocupantes de cargos ou funções que tenham competência de lançamento, arrecadação ou fiscalização de tributos e contribuições parafiscais;

A se pensar na importância das atividades exercidas em prol do interesse coletivo, arrecadação de tributos, veda-se o exercício da advocacia, por exemplo, para o auditor fiscal, fiscais da receita etc. Evita-se um caminho para a preponderância do interesse privado sobre o público.

> VIII – ocupantes de funções de <u>direção e gerência em instituições financeiras, inclusive privadas</u>. (grifos nossos)

A ideia por trás da inviabilização da advocacia para aqueles que ocupem cargo de direção e gerência, atrela-se ao possível acesso a banco de dados (valores em conta, financiamentos etc.), o que desequilibraria o exercício da advocacia, vez que nem todos os advogados teriam acesso aos mesmos recursos.

As situações de incompatibilidade apresentadas cessarão com a aposentadoria, demissão ou exoneração, permanecendo em casos de afastamentos temporários.

> § 1º A incompatibilidade permanece mesmo que o ocupante do cargo ou função deixe de exercê-lo <u>temporariamente</u>. (grifos nossos)

Para evitar confusões indevidas, apontam-se situações de exercício exclusivo da advocacia pública, quais sejam: os procuradores, advogados e defensores gerais (chefes), bem como dirigentes de órgãos jurídicos da administração pública.

> Art. 29. EAOAB. Os Procuradores Gerais, Advogados Gerais, Defensores Gerais e dirigentes de órgãos jurídicos da Administração Pública direta, indireta e fundacional são exclusivamente legitimados para o exercício da advocacia vinculada à função que exerçam, durante o período da investidura.

As situações de impedimento são mais limitadas, envolvendo apenas a inviabilização de parte do exercício da profissão.

Art. 30. EAOAB. São impedidos de exercer a advocacia:

I – os servidores da administração direta, indireta e fundacional, contra a Fazenda Pública que os remunere ou à qual seja vinculada a entidade empregadora;

Servidores públicos são impedidos, ou seja, apenas não podem advogar contra a Fazenda Pública que os remunera. Não se incluem nesse campo de impedimento os docentes de cursos jurídicos remunerados pela fazenda, conforme o parágrafo único do art. 30.

II – os membros do Poder Legislativo, em seus diferentes níveis, contra ou a favor das pessoas jurídicas de direito público, empresas públicas, sociedades de economia mista, fundações públicas, entidades paraestatais ou empresas concessionárias ou permissionárias de serviço público.

Membros do Poder Legislativo poderão exercer a advocacia, mas há uma restrição legal, o que implica em inviabilização da advocacia contra ou a favor das pessoas jurídicas de direito público, empresas públicas, sociedades de economia mista, fundações públicas, entidades paraestatais ou empresas concessionárias ou permissionárias de serviço público. Lembrando que, caso o parlamentar seja eleito para cargo na mesa diretora, passará a exercer atividade incompatível.

QUESTÕES

Ano: 2021 **Banca:** FGV Órgão: OAB **Prova:** FGV – 2021 – OAB – Exame de Ordem Unificado XXXIII – Primeira Fase

Carlos é aluno do primeiro período do curso de Direito. Vinícius é bacharel em Direito, que ainda não realizou o Exame da Ordem. Fernanda é advogada inscrita na OAB. Todos eles são aprovados em concurso público realizado por Tribunal de Justiça para o preenchimento de vagas de Técnico Judiciário.

Após a investidura de Carlos, Vinícius e Fernanda em tal cargo efetivo e, enquanto permanecerem em atividade, é correto afirmar que

- **A.** Carlos não poderá frequentar o estágio ministrado pela instituição de ensino superior em que está matriculado.
- **B.** Vinícius preencherá os requisitos necessários para ser inscrito como advogado na OAB, caso venha a ser aprovado no Exame da Ordem.
- **C.** Fernanda deverá ter sua inscrição na OAB cancelada de ofício ou em virtude de comunicação que pode ser feita por qualquer pessoa.
- **D.** Fernanda deverá ter sua inscrição na OAB suspensa, restaurando-se o número em caso de novo pedido.

> **Resposta correta:** Item c. O fato de ser servidor do Poder Judiciário não impedirá a realização da graduação em direito, bem como o estágio obrigatório, mas impossibilitará a inscrição nos quadros da OAB. Como Fernanda era advogada, deverá cancelar sua inscrição por incompatibilidade.

Carolina, Júlia, Bianca e Maria são advogadas. Carolina é servidora estadual não enquadrada em hipótese de incompatibilidade; Júlia está cumprindo suspensão por infração disciplinar; Bianca está licenciada por requerimento próprio justificado; e Maria é servidora federal não enquadrada em hipótese de incompatibilidade. As quatro peticionam, como advogadas, isoladamente e em atos distintos, em ação judicial proposta em face da União. Diante da situação narrada, de acordo com o Estatuto da OAB, são válidos os atos praticados

A. Por Carolina, apenas.

B. Por Carolina e Bianca, apenas.

C. Por Carolina, Bianca e Maria, apenas.

D. Por Carolina, Julia, Bianca e Maria.

> **Resposta correta:** Item a. Carolina é uma servidora que não exerce atividade incompatível, razão pela qual pode advogar. Apenas não poderia exercer a profissão contra o ente político que a remunera (impedimento). Advogadas suspensas e licenciadas não podem praticar atos privativos, durante a suspensão ou licenciamento. Maria como servidora da União, não poderia advogar contra a fazenda que a remunera.

3.2. SOCIEDADE DE ADVOGADOS/ ADVOGADO EMPREGADO/ ADVOGADO ASSOCIADO

Advogados podem se unir para criar uma sociedade de advogados, uma abstração (pessoa jurídica). O EAOAB define o regramento aplicável, sendo que, caso haja a inobservância, estar-se-á diante de uma infração disciplinar punível com censura (art. 34, II c/c art. 36, do EOAB).

Uma sociedade de advogados significa a reunião de advogados em sociedade simples, tendo por escopo, portanto, a prestação de serviço intelectual (serviços advocatícios). Deixe-se claro que bacharéis e estagiários não poderão constituir sociedade de advogados.

A sociedade simples pluripessoal será composta por dois ou mais advogados atuando em conjunto. A ideia de advogados especializados em áreas distintas se unindo para cuidar de uma cartela maior de clientes consegue refletir bem o ideário por trás da constituição de uma sociedade.

No entanto, também é possível que um advogado crie sozinho uma PJ, conforme art. 15 do EAOAB. Trata-se da sociedade simples unipessoal ou sociedade unipessoal de advocacia (SUA). Entre as razões para a criação, a possibilidade de atuação isolada do causídico; a proteção do patrimônio pessoal do advogado com a existência da abstração jurídica; a adoção do simples nacional (regime simplificado de tributação) etc.

Nos termos do regimento geral:

> Art. 37. RG. Os advogados podem constituir sociedade simples, unipessoal ou pluripessoal, de prestação de serviços de advocacia, a qual deve ser <u>regularmente registrada no Conselho Seccional da OAB em cuja base territorial tiver sede.</u> § 1º As <u>atividades profissionais privativas</u> dos advogados são exercidas <u>individualmente</u>, ainda que revertam à sociedade os honorários respectivos. § 2º As sociedades unipessoais e as pluripessoais de advocacia são reguladas em Provimento do Conselho Federal. (grifos nossos)

Saliente-se que as sociedades de advogados não praticam atos privativos de advogados, apenas atos de administração de suas próprias atividades, celebração de contratos etc. Os atos privativos sempre serão prestados por pessoas naturais.

> Art. 6º (Provimento 112/06 – Conselho Federal) <u>As Sociedades de Advogados</u>, no exercício de suas atividades, somente podem praticar os atos <u>indispensáveis às suas finalidades, assim compreendidos, dentre outros, os de sua **administração** regular, a celebração de **contratos** em geral para representação, consultoria, assessoria e defesa de clientes por intermédio de advogados de seus quadros.</u>

Parágrafo único. Os atos privativos de advogado devem ser exercidos pelos sócios ou por advogados vinculados à sociedade, como associados ou como empregados, mesmo que os resultados revertam para o patrimônio social.

Art. 42. RG. Podem ser praticados pela sociedade de advogados, com uso da razão social, os atos indispensáveis às suas finalidades, que não sejam privativos de advogado. (grifos nossos)

A sociedade de advogados irá adquirir personalidade jurídica a partir do registro aprovado de seu ato constitutivo perante o Conselho Seccional da OAB em cuja base territorial tiver sede, consoante estatuto e provimento do Conselho Federal.

Art. 7º (Provimento OAB 112/06 – Conselho Federal) O registro de constituição das Sociedades de Advogados e o arquivamento de suas alterações contratuais devem ser feitos perante o Conselho Seccional da OAB em que for inscrita, mediante prévia deliberação do próprio Conselho ou de órgão a que delegar tais atribuições, na forma do respectivo Regimento Interno, devendo o Conselho Seccional, segundo o disposto no artigo 24-A do Regulamento Geral, evitar o registro de sociedades com razões sociais semelhantes ou idênticas, ou provocar a correção dos que tiverem sido efetuados em duplicidade, observado o critério da precedência.

§ 1º O Contrato Social que previr a criação de filial, bem assim o instrumento de alteração contratual para essa finalidade, deve ser registrado **também** no Conselho Seccional da OAB em cujo território deva funcionar, ficando os sócios obrigados a inscrição suplementar, dispensados os sócios de serviço que não venham a exercer a advocacia na respectiva base territorial.

No campo de observações destacadas, indica-se que as procurações, a viabilizar a representação, devem ser outorgadas aos advogados (pessoas naturais) e não à sociedade de advogados, o que está de acordo com a dinâmica processual.

> Art. 272. CPC. Quando não realizadas por meio eletrônico, consideram-se feitas as intimações pela publicação dos atos no órgão oficial. § 1º Os advogados poderão requerer que, na <u>intimação a eles dirigida, figure apenas o nome da sociedade a que pertençam, desde que devidamente registrada na Ordem dos Advogados do Brasil.</u> § 2º Sob pena de nulidade, é indispensável que da publicação constem os nomes das partes e de seus advogados, com o respectivo número de inscrição na Ordem dos Advogados do Brasil, ou, se assim requerido, da sociedade de advogados. (grifos nossos)

Os advogados poderão integrar mais de uma sociedade de advogados ou constituir mais de uma sociedade unipessoal, desde que perante Conselhos Seccionais distintos, isto é, em áreas territoriais diferentes.

> Art. 15. § 4º Nenhum advogado pode integrar mais de uma sociedade de advogados, constituir mais de uma sociedade unipessoal de advocacia, ou integrar, simultaneamente, uma sociedade de advogados e uma sociedade unipessoal de advocacia, <u>com sede ou filial na mesma área territorial do respectivo Conselho Seccional. (Redação dada pela Lei nº 13.247, de 2016)</u> (grifos nossos)

Filiais poderão ser constituídas, devendo ocorrer a averbação no registro da sociedade e o arquivamento no Conselho Seccional onde for se instalar, estando os advogados sócios obrigados à inscrição suplementar perante o Conselho de instalação.

Atenção, será necessária a inscrição suplementar mesmo que o sócio não vá praticar atos privativos com habitualidade na área territorial. Dispensando-se apenas o sócio de serviço (que não contribui com o capital social, mas com trabalho), em atenção ao art. 7º do Provimento do Conselho Federal 112/06.

Advogados sócios de uma mesma sociedade não podem representar em juízo clientes com interesses opostos. Há, inclusive, tipificação penal para tal comportamento:

> Art. 355. CP – Trair, na qualidade de advogado ou procurador, o dever profissional, prejudicando interesse, cujo patrocínio, em juízo, lhe é confiado: Pena – detenção, de seis meses a três anos, e multa.
>
> Patrocínio simultâneo ou tergiversação. Parágrafo único – <u>Incorre na pena deste artigo o advogado ou procurador judicial que defende na mesma causa, simultânea ou sucessivamente, partes contrárias.</u>

A sociedade unipessoal, eventualmente, poderá resultar da concentração por um advogado das cotas de uma sociedade pluripessoal de advogados, sem importar a razão da concentração, por exemplo, o falecimento de um advogado em uma sociedade de duas pessoas.

Algumas inovações foram introduzidas pela Lei 14.365 de 2022, devendo-se ter cuidado, uma vez que a FGV sempre cobra as atualizações normativas, Neste ponto, basta a leitura dos dispositivos para compreensão.

> Art. 15. § 8º Nas sociedades de advogados, a escolha do sócio-administrador poderá recair sobre advogado que atue como servidor da administração direta, indireta e fundacional, desde que não esteja sujeito ao regime de dedicação exclusiva, não lhe sendo aplicável o disposto no inciso X do *caput* do art. 117 da Lei nº 8.112, de 11

de dezembro de 1990, no que se refere à sociedade de advogados. (Promulgação partes vetadas) (Incluído pela Lei nº 14.365, de 2022)

§ 9º A sociedade de advogados e a sociedade unipessoal de advocacia deverão recolher seus tributos sobre a parcela da receita que efetivamente lhes couber, com a exclusão da receita que for transferida a outros advogados ou a sociedades que atuem em forma de parceria para o atendimento do cliente. (Promulgação partes vetadas) (Incluído pela Lei nº 14.365, de 2022)

§ 10. Cabem ao Conselho Federal da OAB a fiscalização, o acompanhamento e a definição de parâmetros e de diretrizes da relação jurídica mantida entre advogados e sociedades de advogados ou entre escritório de advogados sócios e advogado associado, inclusive no que se refere ao cumprimento dos requisitos norteadores da associação sem vínculo empregatício autorizada expressamente neste artigo. (Incluído pela Lei nº 14.365, de 2022)

§ 11. Não será admitida a averbação do contrato de associação que contenha, em conjunto, os elementos caracterizadores de relação de emprego previstos na Consolidação das Leis do Trabalho (CLT), aprovada pelo Decreto-Lei nº 5.452, de 1º de maio de 1943. (Incluído pela Lei nº 14.365, de 2022)

§ 12. A sociedade de advogados e a sociedade unipessoal de advocacia podem ter como sede, filial ou local de trabalho espaço de uso individual ou compartilhado com outros escritórios de advocacia ou empresas, desde que respeitadas as hipóteses de sigilo previstas nesta Lei e no Código de Ética e Disciplina. (Incluído pela Lei nº 14.365, de 2022) (grifos nossos)

Não serão registradas as sociedades de advogados que apresentem forma ou característica de sociedade empresária. Nenhuma vinculação comercial é viável, o que advém da compreensão que a advocacia é um serviço público indispensável à administração da justiça. Verifique-se:

> Art. 16. EAOAB. Não são admitidas a registro nem podem funcionar todas as espécies de sociedades de advogados que apresentem <u>forma ou características de sociedade empresária</u>, que adotem <u>denominação de fantasia, que realizem atividades estranhas à advocacia</u>, que incluam como sócio ou titular de sociedade unipessoal de advocacia pessoa não inscrita como advogado ou totalmente proibida de advogar. <u>(Redação dada pela Lei nº 13.247, de 2016)</u> (grifos nossos)

Como complemento do Código de Ética e Disciplina:

> Art. 5º. CED. O exercício da advocacia é incompatível com qualquer procedimento de mercantilização.

> Art. 39. CED. A publicidade profissional do advogado tem caráter meramente informativo e deve primar pela discrição e sobriedade, não podendo configurar captação de clientela ou mercantilização da profissão.

Ressalta-se dois entendimentos firmados pelo Tribunal de Ética de São Paulo:

> CAPTAÇÃO DE CAUSAS E CLIENTES – EVENTOS COMUNITÁRIOS DEDICADOS A CIDADANIA E A COMUNIDADE DESTINADOS A DAR <u>ESCLARECIMENTOS DE DÚVIDAS JURÍDICAS E CONSULTAS GRATUITAS – IMPOSSIBILIDADE E VEDAÇÃO ÉTICA. A advocacia incompatível com qualquer processo de mercantilização,</u>

proíbe a concorrência desleal, a propaganda, a publicidade imoderada e a captação de causas e clientes. Não podemos proibir os advogados de buscar clientes. O que é proibido é o emprego de meios agressivos e mercantis de captar causas, inclusive por meio de tira dúvidas e consultas gratuitas. Os advogados ou as sociedades de advogados não podem participar como convidados, ou como atores principais, de eventos comunitários dedicados a cidadania e a comunidade destinados a dar esclarecimentos de dúvidas jurídicas e consultas gratuitas. Exegese do artigo 34 – Iv do EOAB e dos artigos 5º, 7º e 48 – § 6º do CED. Proc. E-5.250/2019 – v.u., em 24/07/2019, do parecer e ementa do Rel. Dr. LUIZ ANTONIO GAMBELLI, Rev. Dr. ZAILTON PEREIRA PESCAROLI – Presidente Dr. GUILHERME MARTINS MALUFE.

EXERCÍCIO DA ADVOCACIA – ADVOGADO E CONTADOR – IMPOSSIBILIDADE DE PRESTAÇÃO DE SERVIÇOS ADVOCATÍCIOS NO ESCRITÓRIO DE CONTABILIDADE – IMPOSSIBILIDADE DE DIVULGAÇÃO DA ADVOCACIA EM CONJUNTO COM A CONTABILIDADE – IMPOSSIBILIDADE DE UMA MESMA SOCIEDADE PRESTAR SERVIÇOS ADVOCATÍCIOS E CONTÁBEIS – POSSIBILIDADE DA ADVOGADA INSCRITA NA OAB EXERCER A ADVOCACIA EM LOCAL TOTALMENTE INDEPENDENTE. O local, definido pela consulente para o exercício da advocacia, deverá ser utilizado única e tão somente para essa finalidade, não sendo possível o desenvolvimento de nenhuma outra atividade no mesmo local. Tais exigências visam preservar o sigilo profissional, a inviolabilidade do escritório de advocacia, bem como evitar a captação de clientes e a concorrência desleal. É permitido o atendimento do mesmo cliente na contabilidade e na advocacia pelo profissional devidamente habilitado. Entretanto, as atividades devem obrigatoriamente ser desenvolvidas em locais totalmente distintos, separados fisicamente, sendo que em nenhuma hipótese poderá a consulente se insinuar a seus clientes da contabilidade oferecendo seus serviços advocatícios, sob pena de infração disciplinar. <u>Não poderá em nenhuma hipótese divulgar a atividade da advocacia em conjunto com a de contabilidade, seja em cartões de visitas, papéis timbrados, e-mails, sites institucionais ou qualquer outra forma de divulgação e comunicação</u>. Não é possível que uma mesma empresa preste consultoria e assessoria contábil e jurídica ao mesmo cliente. A prestação de serviços advocatícios é feita exclusivamente por advogados(as) que poderão se reunir em sociedade uniprofissional, constituindo uma sociedade de advogados que obrigatoriamente deverá ser registrada na Ordem dos Advogados do Brasil. Esta sociedade não tem como finalidade a prestação de serviços contábeis e vice-versa. No local destinado a ser escritório de advocacia a consulente deverá apenas advogar, prestando exclusivamente serviços jurídicos a seus clientes. No local destinado a ser escritório contábil, totalmente independente do escritório de advocacia, deverá a consulente apenas prestar os serviços inerentes àquela profissão, sem sequer se insinuar aos clientes sobre a advocacia, sob pena de captação indevida de clientes. Entendimento dos artigos 1º, § 3º do Estatuto da Advocacia e da OAB, artigo 40, inciso IV do Código de Ética e Disciplina da OAB, Resolução 13/97 da Seção Deontológica do Tribunal de Ética e Disciplina da OAB e artigo 4º, letra f do Provimento nº 94/2000 do Conselho Federal da OAB. Proc. E-5.101/2018 – v.u., em 16/08/2018, do parecer e ementa do Rel. Dr. GUILHERME MARTINS MALUFE, Rev. Dr. LUIZ ANTONIO GAMBELLI – Presidente Dr. PEDRO PAULO WENDEL GASPARINI.

Quanto à razão social, será obrigatória a adoção de, ao menos, o nome de um dos advogados responsáveis pela sociedade. O nome poderá ser completo ou abreviado, com acompanhamento de expressão que indique se tratar de sociedade de advogados ("Sociedade de advogados", "Advogados associados" etc.). O nome fantasia não é admitido.

O nome do sócio que vier a falecer poderá permanecer no escritório, desde que exista previsão no ato constitutivo, sem ser necessária a anuência familiar. A justificativa é que uma modificação de nome poderia impactar de forma significativa o escritório.

Nos termos do art. 16 do EAOAB:

> § 2º O impedimento ou a incompatibilidade em caráter temporário do advogado não o exclui da sociedade de advogados à qual pertença e deve ser averbado no registro da sociedade, observado o disposto nos arts. 27, 28, 29 e 30 desta Lei e proibida, em qualquer hipótese, a exploração de seu nome e de sua imagem em favor da sociedade. (Redação dada pela Lei nº 14.365, de 2022)

Ou seja, existindo um impedimento (o que restringe a advocacia) ou uma incompatibilidade temporária (o que inviabiliza a advocacia por um período), deve-se averbar tal fato no registro da sociedade.

Seguindo na análise dos parágrafos do art. 16, é defeso registros nos cartórios de registros civis ou juntas comerciais de sociedades que incluam, entre outras finalidades, a advocacia. A sociedade de advogados, apenas será registrada perante o Conselho Seccional da OAB.

A sociedade unipessoal de advocacia terá sua denominação formada obrigatoriamente pelo nome do seu titular, completo ou parcial, seguido da expressão "Sociedade Individual de Advocacia".

A construção da dinâmica das sociedades se torna bastante importante ao se imaginar a responsabilização por danos causados pela má prática advocatícia, art. 17 do EAOAB. O sócio e o titular da sociedade individual de advocacia respondem de forma subsidiária e ilimitada pelos danos causados aos clientes (por ação ou omissão), sem prejuízo da responsabilização disciplinar.

Desse modo, primeiro será necessário acionar a pessoa jurídica (impactando sobre o patrimônio da PJ), sendo infrutífera a tentativa, deve-se buscar a responsabilização dos sócios, onde responderão com patrimônio próprio de forma ilimitada.

Dentre as inovações de 2022 no Estatuto, tem-se a abordagem da figura do advogado associado, aquele advogado que não é sócio, mas que trabalha para a sociedade sem a existência de vínculo de emprego.

> Art. 17-A. O advogado poderá associar-se a uma ou mais sociedades de advogados ou sociedades unipessoais de advocacia, sem que estejam presentes os requisitos legais de vínculo empregatício, para prestação de serviços e participação nos resultados, na forma do Regulamento Geral e de Provimentos do Conselho Federal da OAB. (Incluído pela Lei nº 14.365, de 2022)
>
> Art. 17-B. A associação de que trata o art. 17-A desta Lei dar-se-á por meio de pactuação de contrato próprio, que poderá ser de caráter geral ou restringir-se a determinada causa ou trabalho e que deverá ser registrado no Conselho Seccional da OAB em cuja base territorial tiver sede a sociedade de advogados que dele tomar parte. (Incluído pela Lei nº 14.365, de 2022)
>
> Parágrafo único. No contrato de associação, o advogado sócio ou associado e a sociedade pactuarão as condições para o desempenho da atividade advocatícia e estipularão livremente os critérios para a partilha dos

> resultados dela decorrentes, devendo o contrato conter, no mínimo: (Incluído pela Lei nº 14.365, de 2022)
>
> I – qualificação das partes, com referência expressa à inscrição no Conselho Seccional da OAB competente; (Incluído pela Lei nº 14.365, de 2022)
>
> II – especificação e delimitação do serviço a ser prestado; (Incluído pela Lei nº 14.365, de 2022)
>
> III – forma de repartição dos riscos e das receitas entre as partes, vedada a atribuição da totalidade dos riscos ou das receitas exclusivamente a uma delas; (Incluído pela Lei nº 14.365, de 2022)
>
> IV – responsabilidade pelo fornecimento de condições materiais e pelo custeio das despesas necessárias à execução dos serviços; (Incluído pela Lei nº 14.365, de 2022)
>
> V – prazo de duração do contrato. (Incluído pela Lei nº 14.365, de 2022)

Os dispositivos suprem um vácuo normativo, até então existente, sobre advogados associados. Trata-se, em termos simples, de uma parceria do advogado com uma sociedade de advogados, sem que exista vínculo de emprego, para participação nos resultados (conforme negociação), devendo haver averbação dos contratos associativos no registro da sociedade.

A nova normatividade está de acordo com o que já existia no Regimento Geral, bem como em provimento do Conselho Federal:

> Art. 39. RG. A sociedade de advogados pode associar-se com advogados, sem vínculo de emprego, para participação nos resultados. Parágrafo único. Os contratos referidos neste artigo são averbados no registro da sociedade de advogados.

Provimento Nº 169/2015. Art. 5º O advogado associado, na forma do art. 39 do Regulamento Geral do Estatuto da Advocacia e da OAB, poderá participar de uma ou mais sociedades de advogados, mantendo sua autonomia profissional, sem subordinação ou controle de jornada e sem qualquer outro vínculo, inclusive empregatício, firmando para tanto contrato de associação que deverá ser averbado no Registro de Sociedades de Advogados perante o respectivo Conselho Seccional.

§ 1° Havendo associação do advogado a mais de uma sociedade de advogados, o associado deverá comunicar prévia e formalmente às sociedades contratantes os demais vínculos.

§ 2° Surgindo conflito de interesses entre o advogado associado e as sociedades de advogados com as quais mantenha contrato associativo, o associado deverá observar os dispositivos que rezam sobre conflito de interesses no Código de Ética e Disciplina da OAB.

Art. 6° Por meio do contrato de associação, de natureza civil, o advogado associado e a sociedade de advogados coordenarão entre si o desempenho das funções profissionais e estipularão livremente os critérios para a partilha dos resultados da atividade advocatícia contratada. (grifos nossos)

Outra figura é a do advogado empregado, com disposições próprias no EAOAB, aplicando-se de forma subsidiária a legislação trabalhista. Aqui há os pressupostos do vínculo empregatício.

Todavia, o vínculo empregatício não retira do advogado sua isenção técnica e não reduz sua independência profissional, típicas da profissão, mesmo com o ideário de subordinação (marcante em relações de emprego).

> Art. 4º. CED. O advogado, ainda que vinculado ao cliente ou constituinte, mediante relação empregatícia ou por contrato de prestação permanente de serviços, ou como integrante de departamento jurídico, ou de órgão de assessoria jurídica, público ou privado, <u>deve zelar pela sua liberdade e independência</u>.
>
> Parágrafo único. É legítima a recusa, pelo advogado, do patrocínio de causa e de manifestação, no âmbito consultivo, de pretensão concernente a direito que também lhe seja aplicável ou contrarie orientação que tenha manifestado anteriormente. (grifos nossos)

Neste ponto, mais inovações podem ser constatadas em 2022:

> Art. 18. § 1º O advogado empregado não está obrigado à prestação de serviços profissionais de interesse pessoal dos empregadores, fora da relação de emprego. <u>(Incluído pela Lei nº 14.365, de 2022)</u>
>
> § 2º As atividades do advogado empregado poderão ser realizadas, a critério do empregador, em qualquer um dos seguintes regimes: <u>(Incluído pela Lei nº 14.365, de 2022)</u>
>
> I – exclusivamente presencial: modalidade na qual o advogado empregado, desde o início da contratação, realizará o trabalho nas dependências ou locais indicados pelo empregador; <u>(Incluído pela Lei nº 14.365, de 2022)</u>
>
> II – não presencial, teletrabalho ou trabalho a distância: modalidade na qual, desde o início da contratação, o trabalho será preponderantemente realizado fora das dependências do empregador, observado que o comparecimento nas dependências de forma não permanente, variável ou para participação em reuniões ou

> em eventos presenciais não descaracterizará o regime não presencial; (Incluído pela Lei nº 14.365, de 2022)
>
> III – misto: modalidade na qual as atividades do advogado poderão ser presenciais, no estabelecimento do contratante ou onde este indicar, ou não presenciais, conforme as condições definidas pelo empregador em seu regulamento empresarial, independentemente de preponderância ou não. (Incluído pela Lei nº 14.365, de 2022)
>
> § 3º Na vigência da relação de emprego, as partes poderão pactuar, por acordo individual simples, a alteração de um regime para outro. (Incluído pela Lei nº 14.365, de 2022)

O salário mínimo do advogado será fixado em sentença normativa, salvo acordo ou convenção coletiva, art. 19 do EAOAB.

> Art. 11. RG. Compete a sindicato de advogados e, na sua falta, a federação ou confederação de advogados, a representação destes nas convenções coletivas celebradas com as entidades sindicais representativas dos empregadores, nos acordos coletivos celebrados com a empresa empregadora e nos dissídios coletivos perante a Justiça do Trabalho, aplicáveis às relações de trabalho.

Em suma, o piso salarial do advogado empregado dependerá de acordo ou convenção coletiva, se não houver, será definido em sentença normativa – decisão dos Tribunais Regionais do Trabalho (TRT) ou do Tribunal Superior do Trabalho (TST) no julgamento dos dissídios coletivos.

Quanto à jornada de trabalho, não poderá exceder a duração diária de 8 (oito) horas contínuas e a de 40 (quarenta) horas semanais.

> Art. 20. EAOAB. A jornada de trabalho do advogado empregado, quando prestar serviço para empresas, não poderá exceder a duração diária de 8 (oito) horas contínuas e a de 40 (quarenta) horas semanais. (Redação dada pela Lei nº 14.365, de 2022)
>
> § 1º Para efeitos deste artigo, considera-se como período de trabalho o tempo em que o advogado estiver à disposição do empregador, aguardando ou executando ordens, no seu escritório ou em atividades externas, sendo-lhe reembolsadas as despesas feitas com transporte, hospedagem e alimentação.
>
> § 2º As horas trabalhadas que excederem a jornada normal são remuneradas por <u>um adicional não inferior a cem por cento sobre o valor da hora normal,</u> mesmo havendo contrato escrito.
>
> § 3º As horas trabalhadas no período das vinte horas de um dia até as cinco horas do dia seguinte são remuneradas como noturnas, acrescidas do adicional de vinte e cinco por cento.

Em relação aos honorários, nas causas em que for parte o empregador, ou pessoa por este representada, os honorários de sucumbência serão devidos aos advogados empregados. Todavia, pode-se estabelecer acordo a respeito da partilha de honorários com a parte empregadora, aqui incide a autonomia privada, o que o STF referendou na ADIN 1.194-4.

Disposição complementar do Regimento Geral indica:

> Art. 14. RG. Os honorários de sucumbência, por decorrerem precipuamente do exercício da advocacia e só acidentalmente da relação de emprego, não integram o salário ou a remuneração, não podendo, assim, ser considerados para efeitos trabalhistas ou previdenciários.

Parágrafo único. Os honorários de sucumbência dos advogados empregados constituem fundo comum, cuja destinação é decidida pelos profissionais integrantes do serviço jurídico da empresa ou por seus representantes.

QUESTÕES

Ano: 2022 **Banca:** FGV Órgão: OAB **Prova:** FGV – 2022 – OAB – Exame de Ordem Unificado XXXV – Primeira Fase

Antônio, economista sem formação jurídica, e Pedro, advogado, ambos estudiosos da Análise Econômica do Direito, desejam constituir sociedade de advogados que também fornecerá aos seus clientes serviços de consultoria na área econômica.

Ao analisar a possibilidade de registro desse empreendimento, que consideram inovador, Antônio e Pedro concluíram, corretamente, que

- **A.** Poderá ser efetivado, já que é permitido o registro, nos cartórios de registro civil de pessoas jurídicas e nas juntas comerciais, de sociedade que inclua, entre outras finalidades, a atividade de advocacia.
- **B.** Não poderá ser efetivado, já que somente são admitidas a registro as sociedades de advogados que explorem ciências sociais complementares à advocacia.
- **C.** Poderá ser efetivado, desde que a razão social tenha o nome de, pelo menos, um advogado responsável pela sociedade.
- **D.** Não poderá ser efetivado, já que não são admitidas a registro as sociedades de advogados que incluam como sócio pessoa não inscrita como advogado ou totalmente proibida de advogar.

Resposta correta: Item d. Apenas advogados podem ser sócios de sociedades de advogados. Além disso, atividades estranhas à advocacia não são admitidas.

Ano: 2022 **Banca:** FGV Órgão: OAB **Prova:** FGV – 2022 – OAB – Exame de Ordem Unificado XXXIV – Primeira Fase

Anderson, titular de sociedade individual de advocacia, é contratado pela sociedade empresária *Polvilho Confeitaria Ltda.* para atuar em sua defesa em ação judicial ajuizada por Pedro, consumidor insatisfeito.

No curso da demanda, a impugnação ao cumprimento de sentença não foi conhecida por ter sido injustificadamente protocolizada por Anderson após o prazo previsto em lei, o que faz com que Pedro receba valor maior do que teria direito e, consequentemente, a sociedade empresária *Polvilho Confeitaria Ltda.* sofra danos materiais.

Diante dessa situação, Anderson, sem prejuízo da responsabilidade disciplinar em que possa incorrer, poderá responder com seu patrimônio pessoal pelos danos materiais causados à sociedade empresária *Polvilho Confeitaria Ltda.*

A. Solidariamente, com a sociedade individual de advocacia e de forma ilimitada.

B. Subsidiariamente, em relação à sociedade individual de advocacia e de forma ilimitada.

C. Solidariamente, com a sociedade individual de advocacia e de forma limitada.

D. Subsidiariamente, em relação à sociedade individual de advocacia e de forma limitada.

Resposta correta: Item b. A responsabilidade do advogado é subsidiária à da PJ (sociedade) e ilimitada.

3.3. HONORÁRIOS

Pela prestação de serviços advocatícios o advogado terá direito a honorários, remuneração pelo trabalho. O estatuto da advocacia apresenta três espécies de honorários no art. 22, o honorário convencionado, o de sucumbência e o fixado por arbitramento.

O honorário convencionado decorre da autonomia da vontade. O cidadão busca um advogado para a contratação, sendo estabelecido um preço para a execução do serviço, ou seja, um ajuste contratual.

O honorário de sucumbência, por sua vez, é aquele pago pela parte vencida em uma demanda judicial ao advogado da parte vencedora, a partir de determinação do juízo. É uma forma de remunerar o trabalho técnico desenvolvido pelo advogado da parte vencedora na demanda. Destaque-se que o honorário de sucumbência é completamente diverso do honorário contratual.

O honorário por arbitramento corresponde a uma hipótese que decorre da ausência de um contrato escrito entre as partes. Não há uma forma determinada para o contrato de prestação de serviços, mas havendo controvérsia acerca de uma pactuação verbal, outro meio não resta, a não ser o arbitramento, o que não é muito interessante para o advogado.

Trata-se da necessidade do ajuizamento de uma ação de arbitramento de honorários, observando o procedimento comum. O juízo estabelecerá o valor dos honorários em remuneração compatível com o trabalho e o valor econômico da questão, considerando parâmetros estabelecidos no CPC para os honorários de sucumbência.

> Art. 22. § 2º Na falta de estipulação ou de acordo, os honorários são fixados por arbitramento judicial, em remuneração compatível com o trabalho e o valor

econômico da questão, observado obrigatoriamente o disposto nos §§ 2º, 3º, 4º, 5º, 6º, 6º-A, 8º, 8º-A, 9º e 10 do art. 85 da Lei nº 13.105, de 16 de março de 2015 (Código de Processo Civil). (Redação dada pela Lei nº 14.365, de 2022)

O poder de definição de honorário deixa as mãos do advogado por ausência de uma definição contratual escrita, tornando necessária uma ação para o arbitramento. Evidente que o advogado deve prezar pelo contrato escrito, de modo a garantir a existência de um título executivo extrajudicial, amparando seus interesses.

Ainda, conforme o Código de Ética:

> Art. 54. CED. Havendo necessidade de promover arbitramento ou cobrança judicial de honorários, deve o advogado renunciar previamente ao mandato que recebera do cliente em débito.

O arbitramento também ocorrerá na situação em que, na impossibilidade de atuação da defensoria pública, o advogado seja indicado/ requisitado para a causa de juridicamente necessitado, um defensor *ad hoc*, portanto.

O advogado terá direito a honorários que serão arbitrados, devendo o juízo considerar a tabela do Conselho Seccional, que define patamares mínimos de cobrança (evitando o aviltamento dos honorários). O pagamento será feito pelo próprio Estado, em observância ao § 1º do art. 22 do EAOAB.

Sobre a forma de cobrança de honorários, nos termos do § 3º do art. 22 do EAOAB, salvo disposição em contrário, um terço será devido no início do serviço, outro terço até decisão de primeira instância e o restante ao final.

Esta forma estabelecida no Estatuto incide apenas em caso de inexistência de uma pactuação entre as partes, omissão contratual, ou seja, há total liberdade para estabelecimento da forma de pagamento de honorários.

Destacando que não são três parcelas iguais na previsão legal, mas sim um terço de início, mais um terço e o restante ao final. Restante ao final representa a possibilidade de existência de uma pactuação de majoração de honorários, por haver um trabalho maior que o previsto em um primeiro momento.

Não se pode ignorar a existência de uma forma de cobrança de honorários contratuais no mesmo processo em que o advogado tenha atuado, o que é excepcional, desde que o causídico junte aos autos o contrato de honorários antes da expedição do mandado de levantamento ou precatório em favor do cliente.

Desse modo, o juízo determinará o pagamento direto ao advogado, valor deduzido da quantia a ser recebida pelo constituinte (não é necessária a anuência do cliente), salvo se o cliente provar que já pagou os honorários devidos.

Todas as disposições do art. 22 do EAOAB se aplicam aos honorários assistenciais, que nada mais são do que os honorários de sucumbência em ações coletivas, propostas por entidades de classe em substituição processual.

> § 6º O disposto neste artigo aplica-se aos <u>honorários assistenciais, compreendidos como os fixados em ações coletivas propostas por entidades de classe em substituição processual</u>, sem prejuízo aos honorários convencionais. (<u>Incluído pela Lei nº 13.725, de 2018)</u> (grifos nossos)

Saliente-se que novos advogados eventualmente constituídos para a atuação processual nas demandas promovidas pelas entidades de classe, em atenção à dinâmica do § 7º, abaixo transcrito, poderão ter direito à verba honorária contratada, vez que assumirão deveres contratuais (representação judicial), tendo direito, desse modo, à remuneração (honorários), sem maiores formalidades.

> § 7º Os honorários convencionados com entidades de classe para atuação em substituição processual poderão prever a <u>faculdade de indicar os beneficiários que, ao optarem por adquirir os direitos, assumirão as obrigações decorrentes do contrato originário</u> a partir do momento em que este foi celebrado, sem a necessidade de mais formalidades. (<u>Incluído pela Lei nº 13.725, de 2018</u>) (grifos nossos)

Em inovação, promovida em 2022, há indicação da existência de direito a honorários convencionados por indicação de clientes entre advogados e sociedades de advogados.

> § 8º Consideram-se também honorários convencionados aqueles decorrentes da indicação de cliente entre advogados ou sociedade de advogados, aplicada a regra prevista no § 9º do art. 15 desta Lei. (<u>Incluído pela Lei nº 14.365, de 2022</u>)

Por fim, as disposições do art. 22 do EAOAB são inaplicáveis quando se tratar de mandato outorgado por advogado (cliente advogado) para defesa em processo judicial relacionado ao exercício da profissão. Existe, portanto, completa liberdade para a definição dos honorários.

Mais uma inovação de 2022:

> Art. 22-A. Fica permitida a dedução de honorários advocatícios contratuais dos valores acrescidos, a título de juros de mora, ao montante repassado aos Estados e aos Municípios na forma de precatórios, como complementação de fundos constitucionais. (<u>Incluído pela Lei nº 14.365, de 2022</u>)

Parágrafo único. A dedução a que se refere o *caput* deste artigo não será permitida aos advogados nas causas que decorram da execução de título judicial constituído em ação civil pública ajuizada pelo Ministério Público Federal. (Promulgação partes vetadas) (Incluído pela Lei nº 14.365, de 2022)

O dispositivo espelha o reconhecimento da autonomia política do ente para a contratação de advogado ou escritório especializado para demandas que envolvam fundos constitucionais (recuperação de verbas).

A remuneração do advogado poderá ocorrer com os juros de mora do precatório (fonte da despesa relacionada à contratação). Ocasionalmente, municípios, sem recursos suficientes, poderão contratar profissionais especializados para a busca do Judiciário, a envolver recuperação de valores referentes a fundos.

Lembrando que municípios possuem autonomia para a criação de procuradorias, pois são muito diversas as realidades financeiras referentes aos municípios brasileiros. Contudo, mesmo Estados com procuradorias estruturadas, eventualmente poderiam contratar advogados ou sociedades de advogados para a prestação de serviços.

Dando seguimento à temática, os honorários incluídos na condenação, seja por arbitramento ou simples sucumbência, são de titularidade do advogado, sendo possível executar a sentença (direito autônomo na parte referente a honorários). A destacar que os honorários podem pertencer à sociedade de advogados.

Art. 23. Os honorários incluídos na condenação, por arbitramento ou sucumbência, pertencem ao advogado, tendo este direito autônomo para executar a sentença nesta parte, podendo requerer que o precatório, quando necessário, seja expedido em seu favor. (Vide ADI 6.053) (grifos nossos)

> Art. 85. CPC. § 15. O advogado pode requerer que o pagamento dos honorários que lhe caibam seja efetuado em favor da sociedade de advogados que integra na qualidade de sócio, aplicando-se à hipótese o disposto no § 14.

Os honorários possuem natureza alimentar, possuindo os mesmos privilégios dos créditos trabalhistas. Nos termos do Estatuto:

> Art. 24. A decisão judicial que fixar ou arbitrar honorários e o contrato escrito que os estipular são títulos executivos e constituem crédito privilegiado na falência, concordata, concurso de credores, insolvência civil e liquidação extrajudicial.
>
> § 1º A execução dos honorários pode ser promovida nos mesmos autos da ação em que tenha atuado o advogado, se assim lhe convier.
>
> § 2º Na hipótese de falecimento ou incapacidade civil do advogado, os honorários de sucumbência, <u>proporcionais ao trabalho realizado</u>, são recebidos por seus sucessores ou representantes legais. (grifos nossos)

Neste ponto, cabe indicar que a cobrança de honorários se dará nos mesmos autos apenas nas hipóteses de sucumbência ou definição de honorários por arbitramento. Se for o caso de honorários contratuais, a regra é que deve ocorrer uma execução autônoma (art. 786, CPC).

Quanto à verba de sucumbência, por ser de titularidade do advogado, é possível que seja objeto de negociação com o constituinte, trata-se da autonomia privada. Nesse sentido, o § 3º-A que estabelece um procedimento a ser observado:

> § 3º-A. Nos casos judiciais e administrativos, as disposições, as cláusulas, os regulamentos ou as convenções individuais ou coletivas que retirem do sócio o direito ao recebimento dos honorários de sucumbência serão válidos somente após o protocolo de petição que revogue os poderes que lhe foram outorgados ou que noticie a renúncia a eles, e os honorários serão devidos proporcionalmente ao trabalho realizado nos processos. (Incluído pela Lei nº 14.365, de 2022)
>
> § 4º O acordo feito pelo cliente do advogado e a parte contrária, <u>salvo aquiescência do profissional</u>, não lhe prejudica os honorários, <u>quer os convencionados, quer os concedidos por sentença</u>.

Como os honorários são de titularidade do advogado, o cliente não poderá dispor a respeito, razão pela qual acordo firmado após o provimento condenatório, havendo ou não trânsito em julgado, não prejudicará a verba de sucumbência.

> PROCESSUAL CIVIL E CIVIL. RECURSO ESPECIAL. AÇÃO DE OBRIGAÇÃO DE FAZER. EMBARGOS DE DECLARAÇÃO. OMISSÃO, CONTRADIÇÃO OU OBSCURIDADE. NÃO OCORRÊNCIA. CELEBRAÇÃO DE ACORDO SEM ANUÊNCIA DO ADVOGADO. AUSÊNCIA DE TRÂNSITO EM JULGADO DA SENTENÇA CONDENATÓRIA. PARTICULARIDADES DA DEMANDA QUE IMPÕEM O RECONHECIMENTO DA FORMAÇÃO DE TÍTULO EXECUTIVO. DIREITO AUTÔNOMO DO ADVOGADO.
>
> [...]
>
> <u>5. O acordo firmado entre as partes, sem a concordância do advogado, não atinge o direito ao recebimento dos honorários advocatícios fixados em sentença judicial transitada em julgado.</u>

6. A despeito da ausência de trânsito em julgado da sentença condenatória, entende-se que a questão, na espécie, deve ser analisada sob outro viés, dada as peculiaridades do caso concreto, mostrando-se plausível a flexibilização da interpretação normativa.

7. Na presente hipótese, verifica-se que, em 1º grau, a sentença condenatória condenou a recorrente ao pagamento de 10% (dez por cento) do valor da condenação a título de verba honorária, condenação esta que foi mantida pelo TJ/RJ e que estava prestes a transitar em julgado, não fosse pelo fato de as partes terem, neste meio tempo, atravessado pedido de homologação de acordo extrajudicial – que sequer fez menção ao pagamento de qualquer verba honorária –, com a participação de nova advogada constituída nos autos, o que revogou automaticamente anterior procuração outorgada pelo Condomínio.

8. Dada as particularidades da situação ora analisada, convém reconhecer o direito autônomo do recorrido ao recebimento da verba honorária estabelecida na sentença condenatória, devendo a mesma ser considerada título executivo judicial, nos termos dos arts. 23 e 24 da Lei 8.906/94.

9. Recurso especial conhecido e não provido.

(REsp 1851329/RJ, Rel. Ministra NANCY ANDRIGHI, TERCEIRA TURMA, julgado em 22/09/2020, DJe 28/09/2020) (grifos nossos)

Observem-se disposições incluídas em 2022:

§ 5º Salvo renúncia expressa do advogado aos honorários pactuados na hipótese de encerramento da relação contratual com o cliente, o advogado mantém o direito aos honorários proporcionais ao trabalho realizado nos processos judiciais e administrativos em que tenha atuado, nos exatos termos do contrato celebrado, inclusive em relação aos eventos de sucesso que porventura venham a ocorrer após o encerramento da relação contratual. (Incluído pela Lei nº 14.365, de 2022)

§ 6º O distrato e a rescisão do contrato de prestação de serviços advocatícios, mesmo que formalmente celebrados, não configuram renúncia expressa aos honorários pactuados. (Incluído pela Lei nº 14.365, de 2022)

§ 7º Na ausência do contrato referido no § 6º deste artigo, os honorários advocatícios serão arbitrados conforme o disposto no art. 22 desta Lei. (Incluído pela Lei nº 14.365, de 2022) (grifos nossos)

Os dispositivos demonstram a proteção aos honorários, devendo-se observar os termos contratuais, mesmo com o encerramento da relação contratual com o cliente. Até mesmo se houver pactuação no êxito, o advogado manterá o seu direito.

O distrato não irá configurar qualquer renúncia aos honorários (pode-se estar diante de revogação de poderes ou renúncia pelo causídico). Não havendo instrumento contratual, aplicam-se as disposições referentes a honorários por arbitramento.

Outra inovação do estatuto preserva o direito dos advogados aos honorários ao se permitir a liberação de até vinte por cento de bens eventualmente bloqueados do cliente por decisão judicial para fins de satisfação do crédito do causídico, havendo um procedimento a ser observado.

Art. 24-A. No caso de bloqueio universal do patrimônio do cliente por decisão judicial, garantir-se-á ao advogado a liberação de até 20% (vinte por cento) dos bens bloqueados para fins de recebimento de honorários e reembolso de gastos com a defesa, ressalvadas as causas relacionadas aos crimes previstos na Lei nº 11.343, de 23 de agosto de 2006 (Lei de Drogas), e observado o disposto no parágrafo único do art. 243 da Constituição Federal. (Incluído pela Lei nº 14.365, de 2022)

§ 1º O pedido de desbloqueio de bens será feito em autos apartados, que permanecerão em sigilo, mediante a apresentação do respectivo contrato. (Incluído pela Lei nº 14.365, de 2022)

§ 2º O desbloqueio de bens observará, preferencialmente, a ordem estabelecida no art. 835 da Lei nº 13.105, de 16 de março de 2015 (Código de Processo Civil). (Incluído pela Lei nº 14.365, de 2022)

§ 3º Quando se tratar de dinheiro em espécie, de depósito ou de aplicação em instituição financeira, os valores serão transferidos diretamente para a conta do advogado ou do escritório de advocacia responsável pela defesa. (Incluído pela Lei nº 14.365, de 2022)

§ 4º Nos demais casos, o advogado poderá optar pela adjudicação do próprio bem ou por sua venda em hasta pública para satisfação dos honorários devidos, nos termos do art. 879 e seguintes da Lei nº 13.105, de 16 de março de 2015 (Código de Processo Civil). (Incluído pela Lei nº 14.365, de 2022)

§ 5º O valor excedente deverá ser depositado em conta vinculada ao processo judicial. (Incluído pela Lei nº 14.365, de 2022)

Prescreve em cinco anos a ação de cobrança de honorários por parte do advogado a contar: 1. do vencimento do contrato, se houver; 2. do trânsito em julgado da decisão que os fixar (honorários por sucumbência ou arbitramento); 3. da ultimação do serviço extrajudicial (o fim da atuação); 4. da desistência ou transação; da revogação ou da renúncia.

Da mesma forma, prescreve em cinco anos a ação de prestação de contas pelas quantias recebidas pelo advogado do cliente ou de terceiro por conta do cliente. O termo inicial ocorre da data em que o cliente toma conhecimento de possível retenção indevida de bens ou valores. Salientando que o advogado possui obrigação de prestar contas (inciso XXI do art. 34 do EAOAB c/c art. 12 do Código de Ética). Mesmo que o cliente esteja inadimplente, o advogado não pode se recusar a prestar contas.

Caso não tenha prestado o serviço contratado, por exemplo, terá que prestar contas e devolver valores recebidos. O Código de Ética e Disciplina apresenta disposições complementares.

> Art. 48. CED. A prestação de <u>serviços profissionais</u> por advogado, individualmente ou integrado em sociedades, será <u>contratada</u>, <u>preferentemente, por escrito</u>.
>
> § 1º O contrato de prestação de serviços de advocacia <u>não exige forma especial</u>, devendo estabelecer, porém, com <u>clareza e precisão, o seu objeto, os honorários ajustados,</u> a forma de pagamento, a extensão do patrocínio, esclarecendo se este abrangerá todos os atos do processo ou limitar-se-á a determinado grau de jurisdição, além de <u>dispor sobre a hipótese de a causa encerrar-se mediante transação ou acordo.</u>
>
> § 2º A compensação de créditos, pelo advogado, de importâncias devidas ao cliente, somente será admissível quando o contrato de prestação de serviços a autorizar ou quando houver autorização especial do cliente para esse fim, por este firmada. (grifos nossos)

Tem-se no parágrafo segundo situação na qual o advogado possui valores a receber e é devedor (possui dívidas junto ao cliente). Advogado – credor e devedor – possibilidade da compensação (meio de extinção de obrigações), desde que haja autorização contratual ou especial para este fim.

§ 3º O contrato de prestação de serviços poderá dispor sobre a forma de contratação de profissionais para serviços auxiliares, bem como sobre o pagamento de custas e emolumentos, os quais, na ausência de disposição em contrário, presumem-se devam ser atendidos pelo cliente. Caso o contrato preveja que o advogado antecipe tais despesas, ser-lhe-á lícito reter o respectivo valor atualizado, no ato de prestação de contas, mediante comprovação documental. (grifos nossos)

O cliente, parte interessada, deverá custear serviços auxiliares eventuais, além das custas e emolumentos (taxas de serviços). É viável a antecipação de despesas pelo advogado, mas deve haver previsão contratual, possibilitando retenção de valores do cliente (para fazer frente às despesas).

CONTRATAÇÃO DE SERVIÇOS JURÍDICOS "AD EXITUM" - ADIANTAMENTO DE DESPESAS PELO ADVOGADO - PAGAMENTO DE HONORÁRIOS PERICIAIS POR ADVOGADO SEM AUTORIZAÇÃO EXPRESSA DO CLIENTE - PRETENSÃO DE RETENÇÃO DOS VALORES ADIANTADOS ACRESCIDOS DE JUROS DE MORA AO FINAL DO PROCESSO - IMPOSSIBILIDADE. <u>A retenção de valores adiantados pelo advogado para pagamento de honorários periciais ao final do processo, na ocasião do recebimento dos valores havidos em razão de sucesso em ação judicial, apenas é possível mediante prévia celebração de contrato de prestação de serviços por escrito e desde que com expressa autorização do cliente para que assim proceda.</u> Ausentes os requisitos formais, no plano ético, inviável a retenção nos termos do disposto no art. 48 do CED e seus parágrafos. Ainda que permitida a retenção, observado o requisito formal indicado, não podem incidir juros de mora, uma vez que a cobrança de tal verba não encontra autorização no referido dispositivo do CED, que apenas dispõe sobre o direito de reter o valor, devidamente atualizado, ou seja, corrigido monetariamente. Proc. E-5.366/2020 – v.u., em 21/07/2020, do parecer e ementa do Rel. Dr. RICARDO BERNARDI, Rev. Dr. FÁBIO TEIXEIRA OZI – Presidente Dr. GUILHERME MARTINS MALUFE.

Seguindo na análise dos parágrafos do art. 48:

> § 4º As disposições deste capítulo aplicam-se à mediação, à conciliação, à arbitragem ou a qualquer outro método adequado de solução dos conflitos.
>
> § 5º É vedada, em qualquer hipótese, a diminuição dos honorários contratados em decorrência da solução do litígio por qualquer mecanismo adequado de solução extrajudicial.
>
> § 6º Deverá o advogado observar o valor mínimo da Tabela de Honorários instituída pelo respectivo Conselho Seccional onde for realizado o serviço, inclusive aquele referente às diligências, sob pena de caracterizar-se aviltamento de honorários.
>
> § 7º O advogado promoverá, preferentemente, <u>de forma destacada</u> a execução dos honorários contratuais ou sucumbenciais. (grifos nossos)

O art. 49 do CED traz critérios para o estabelecimento de honorários, indicando a necessidade de fixação com moderação. Levar-se-á em conta:

> I – a relevância, o vulto, a complexidade e a dificuldade das questões versadas;
>
> II – o trabalho e o tempo a ser empregados;

III – a possibilidade de ficar o advogado impedido de intervir em outros casos, ou de se desavir com outros clientes ou terceiros;

IV – o valor da causa, a condição econômica do cliente e o proveito para este resultante do serviço profissional;

V – o caráter da intervenção, conforme se trate de serviço a cliente eventual, frequente ou constante;

VI – o lugar da prestação dos serviços, conforme se trate do domicílio do advogado ou de outro;

VII – a competência do profissional;

VIII – a praxe do foro sobre trabalhos análogos.

É possível estabelecer em contrato a cláusula *quota litis*, isto é, a advocacia no êxito, porcentagem da vantagem obtida pelo cliente. Não sendo obrigatório estabelecer remuneração apenas no êxito, é possível buscar uma forma mista, resguardando a correta remuneração pela atividade profissional.

Nesta situação, os honorários devem ser representados por pecúnia e, quando acrescidos da sucumbência, vez que não há incompatibilidade, não podem ser superiores às vantagens advindas a favor do cliente.

> Art. 50. CED. Na hipótese da adoção de cláusula *quota litis*, os honorários devem ser necessariamente representados por pecúnia e, quando acrescidos dos honorários da sucumbência, não podem ser superiores às vantagens advindas a favor do cliente.
>
> § 1º A participação do advogado em bens particulares do cliente só é admitida em caráter excepcional, quando esse, comprovadamente, <u>não tiver condições pecuniárias de satisfazer o débito de honorários e ajustar com o seu patrono, em instrumento contratual, tal forma de pagamento.</u>

> § 2º Quando o objeto do serviço jurídico versar sobre prestações vencidas e vincendas, os honorários advocatícios poderão incidir sobre o valor de umas e outras, atendidos os requisitos da moderação e da razoabilidade. (grifos nossos)

O CED corrobora com disposições previstas no EAOAB:

> Art. 51. Os honorários da sucumbência e os honorários contratuais, pertencendo ao advogado que houver atuado na causa, poderão ser por ele executados, assistindo-lhe direito autônomo para promover a execução do capítulo da sentença que os estabelecer ou para postular, quando for o caso, a expedição de precatório ou requisição de pequeno valor em seu favor.
>
> § 1º No caso de substabelecimento, a verba correspondente aos honorários da sucumbência será repartida entre o substabelecente e o substabelecido, <u>proporcionalmente à atuação de cada um no processo ou conforme haja sido entre eles ajustado.</u>
>
> § 2º Quando for o caso, a Ordem dos Advogados do Brasil ou os seus Tribunais de Ética e Disciplina poderão ser solicitados a indicar mediador que contribua no sentido de que a distribuição dos honorários da sucumbência, entre advogados, se faça segundo o critério estabelecido no § 1º.
>
> § 3º Nos processos disciplinares que envolverem divergência sobre a percepção de honorários da sucumbência, <u>entre advogados, deverá ser tentada a conciliação destes, preliminarmente, pelo relator.</u>

O advogado credor de honorários não poderá sacar duplicata ou qualquer título de crédito originado da prestação de serviço de advocacia. Admite-se a expedição de fatura, discriminando o serviço prestado, desde que solicitado pelo constituinte. Todavia, a fatura não poderá ser levada a protesto, vez que não é um título executivo e é de emissão do próprio credor.

Outra situação é o protesto de cheque ou nota promissória, emitidos pelo cliente em favor do advogado, depois da tentativa de recebimento amigável. O cliente pode emitir títulos em favor do advogado. Nesse contexto, cabe indicar que o contrato escrito de honorários pode ser protestado, é um título de natureza civil sinalagmática (com a concordância do cliente).

> Art. 53. CED. É lícito ao advogado ou à sociedade de advogados empregar, para o recebimento de honorários, sistema de cartão de crédito, mediante credenciamento junto a empresa operadora do ramo.
>
> Parágrafo único. Eventuais ajustes com a empresa operadora que impliquem pagamento antecipado não afetarão a responsabilidade do advogado perante o cliente, em caso de rescisão do contrato de prestação de serviços, devendo ser observadas as disposições deste quanto à hipótese.

Para encerrar o tópico, sabe-se que, em regra, não é viável a prestação graciosa de serviços advocatícios, deve-se cobrar conforme as tabelas estabelecidas pelos conselhos seccionais, viabilizando equilíbrio ao mercado de serviços jurídicos.

Contudo, é viável a advocacia *pro bono*, situação na qual o zelo do advogado deverá ser o mesmo daquele existente em uma causa remunerada. O *pro bono* é a prestação gratuita, eventual e voluntária de serviços jurídicos em favor de instituições sociais sem fins econômicos e aos seus assistidos, desde que não tenham recursos para a contratação de profissional.

Do mesmo modo, a advocacia *pro bono* é direcionada a pessoas naturais que não possuam recursos. Não é viável a fixação de honorários módicos nessas situações, pois se estaria diante de aviltamento de honorários, uma infração disciplinar. Enfatizando que é inadmissível o *pro bono* para fins político-partidários ou eleitorais, razão pela qual o caráter eventual é característico.

QUESTÕES

Ano: 2022 **Banca:** FGV Órgão: OAB **Prova:** FGV – 2022 – OAB – Exame de Ordem Unificado XXXV – Primeira Fase

Em certa comarca, em razão da insuficiência do número de defensores públicos em atuação, o Juiz Caio nomeou o advogado Pedro para defender um réu juridicamente necessitado.

Quanto aos honorários a serem recebidos por Pedro, assinale a afirmativa correta.

- **A.** Pedro apenas terá direito ao recebimento de honorários na hipótese de a parte contrária ser sucumbente, a serem pagos pelo autor.
- **B.** Pedro tem direito a honorários fixados pelo juiz, independentemente de sucumbência, a serem pagos pelo Estado, segundo a tabela organizada pelo Conselho Seccional da OAB.
- **C.** Pedro tem direito a honorários fixados pelo juiz, independentemente de sucumbência, a serem pagos pela Defensoria Pública, segundo a tabela organizada pelo Defensor Público Geral do Estado.
- **D.** Pedro apenas terá direito ao recebimento de honorários na hipótese de a parte contrária ser sucumbente, a serem pagos pela Defensoria Pública.

Resposta correta: item b. Pedro exercendo advocacia, uma vez requisitado, terá direito à remuneração. Honorários fixados por arbitramento, observando-se a tabela do conselho seccional.

Ano: 2021 **Banca:** FGV Órgão: OAB **Prova:** FGV – 2021 – OAB – Exame de Ordem Unificado XXXIII – Primeira Fase

A entidade de classe X, atuando em substituição processual, obteve, no âmbito de certo processo coletivo, decisão favorável aos membros da categoria. A advogada Cleide patrocinou a demanda, tendo convencionado com a entidade, previamente, certo valor em honorários. Ao final do feito, foram fixados honorários sucumbenciais pelo juiz.

Sobre o caso apresentado, assinale a afirmativa correta.

- **A.** Cleide deverá optar entre os honorários convencionais e os sucumbenciais.
- **B.** Cleide terá direito aos honorários sucumbenciais, sem prejuízo dos honorários convencionais.
- **C.** Cleide só terá direito aos honorários convencionais e não aos sucumbenciais, que competirão à entidade de classe.
- **D.** Cleide terá apenas direito aos honorários convencionais e não aos sucumbenciais, que reverterão ao Fundo de Amparo ao Trabalhador.

Resposta correta: Item b. Honorários de sucumbência e contratuais não se confundem, são direitos distintos do advogado.

3.4. REGRAS DE PUBLICIDADE PARA ESCRITÓRIOS E ADVOGADOS

Deve-se abandonar a ideia equivocada de que há uma vedação à publicidade na advocacia. Na verdade, há o direito de realização da publicidade, contudo, em estrita atenção ao Código de Ética e Disciplina.

De fato, existem muitas restrições que são estabelecidas a partir da compreensão do peso da advocacia, uma atividade indispensável à administração da justiça. Busca-se, com as limitações à publicidade, resguardar a dignidade da profissão, garantindo respeito popular.

Não sem críticas, o CED é de 2015, mas parece não ter se atentado à realidade da publicidade em redes, ou seja, o que se pratica na vida real. Tanto que o Conselho Federal da OAB, em 2012, editou o provimento nº 205/2021, atualizando o provimento nº 94/2000, apontando os meios de publicidade com o uso de ferramentas tecnológicas.

Sabe-se que o importante para o Exame de Ordem, no campo da publicidade, é a redação do CED, mas não é possível ignorar o provimento nestas breves linhas.

> Provimento 205/2021. Art. 1º É <u>permitido o marketing jurídico</u>, desde que exercido de forma compatível com os preceitos éticos e respeitadas as limitações impostas pelo <u>Estatuto da Advocacia, Regulamento Geral, Código de Ética e Disciplina e por este Provimento</u>. (grifos nossos)

Nos termos do CED, a publicidade do advogado terá um caráter informativo, primando pela discrição e sobriedade, não sendo possível a captação de clientela ou a mercantilização da profissão.

O caminho correto para a publicidade eficiente estará na produção intelectual, fazendo valer o princípio da procura, isto é, produzir conteúdo para que o cliente chegue até você.

A publicidade sóbria, discreta e informativa corresponde, por exemplo, conforme o provimento 205/2021, à divulgação de perfil profissional, informações referentes ao exercício da profissão, sem incitação de litígios ou contratação de serviços, sem corresponder a um ato de promoção pessoal.

> Observe-se o EAOAB:
>
> Art. 34. EAOAB. Constitui infração disciplinar:
>
> IV – <u>angariar ou captar causas</u>, com ou sem a intervenção de terceiros; (grifos nossos)

Pode causar uma estranheza inicial a vedação à captação de clientela, mas rapidamente se afasta o sentimento a partir da compreensão do que seria a captação de clientela para o Estatuto e para o Código de Ética.

A captação corresponde à superação dos limites da publicidade profissional, quando são adotadas práticas excessivas que poderiam levar à compreensão da mercantilização da profissão. Afinal, a advocacia não pode ser vista como uma mercadoria a ser ofertada.

> Art. 5º. CED. <u>O exercício da advocacia é incompatível com qualquer procedimento de mercantilização</u>. (grifos nossos)

E quais seriam as condutas descabidas? O provimento 205/2021 elucida:

> Art. 3º A publicidade profissional deve ter caráter meramente informativo e primar pela discrição e sobriedade, não podendo configurar captação de clientela ou mercantilização da profissão, <u>sendo vedadas as seguintes condutas</u>: I – referência, direta ou indireta, a valores de honorários, forma de pagamento, gratuidade ou descontos e reduções de preços como forma de captação de clientes; II – divulgação de informações que possam induzir a erro ou causar dano a clientes, a outros(as) advogados(as) ou à sociedade; III – anúncio de especialidades para as quais não possua título certificado ou notória especialização, nos termos do parágrafo único

do art. 3º-A do Estatuto da Advocacia; IV – utilização de orações ou expressões persuasivas, de autoengrandecimento ou de comparação; V – distribuição de brindes, cartões de visita, material impresso e digital, apresentações dos serviços ou afins de maneira indiscriminada em locais públicos, presenciais ou virtuais, salvo em eventos de interesse jurídico.(grifos nossos)

Neste ponto, vamos destacar os dispositivos mais relevantes do CED. Em relação ao material de papelaria, cartões de visitas e material de escritório, deve constar o nome do advogado, nome social ou o da sociedade de advogados, o número ou os números de inscrição na OAB, meio de viabilizar o controle de responsáveis pela publicidade.

Nos materiais poderá estar presente:

> Art. 44. § 1º. CED. Poderão ser referidos apenas os títulos acadêmicos do advogado e as distinções honoríficas relacionadas à vida profissional, bem como as instituições jurídicas de que faça parte, e as especialidades a que se dedicar, o endereço, e-mail, site, página eletrônica, *QR code*, logotipo e a fotografia do escritório, o horário de atendimento e os idiomas em que o cliente poderá ser atendido.

Dentro do campo de vedações:

> Art. 44 § 2º. CED. <u>É vedada a inclusão de fotografias pessoais ou de terceiros nos cartões de visitas do advogado</u>, bem como menção a qualquer <u>emprego, cargo ou função ocupado, atual ou pretérito</u>, em qualquer órgão ou instituição, <u>salvo o de professor universitário.</u> (grifos nossos)

Não será possível que se faça constar informação sobre a dimensão do escritório (tamanho), possível mensagem equivocada acerca do prestígio de um advogado ou sociedade de advogados, o que caracterizaria captação de clientela. Entretanto, será viável a utilização de fotos do escritório.

Seguindo na análise do CED, será possível a divulgação do escritório com o patrocínio de eventos ou publicações de caráter científico ou cultural (divulgação do advogado patrocinador ou do logotipo do escritório), bem como a divulgação de boletins sobre matéria cultural de interesse dos advogados, como comentários de jurisprudência ou legislação, desde que a circulação seja restrita a clientes ou interessados do meio jurídico, conforme art. 45 do CED.

A única menção do CED à internet está prevista no seguinte dispositivo:

> Art. 46. A publicidade veiculada pela internet ou por outros meios eletrônicos deverá observar as diretrizes estabelecidas neste capítulo.
>
> Parágrafo único. A telefonia e a internet podem ser utilizadas como veículo de publicidade, inclusive para o envio de mensagens a destinatários certos, desde que estas não impliquem o oferecimento de serviços ou representem forma de captação de clientela. (grifos nossos)

O fato de o CED ser silente torna mais importante o provimento do Conselho Federal referente a marketing digital para a vida prática do advogado. O CED estabelece diversas vedações (art. 40) como a impossibilidade de veiculação de publicidade por meio de rádio, cinema e televisão, sendo possível a publicação em jornais e revistas não jurídicas, observando-se as diretrizes do CED. Destacando que fazer publicar na imprensa de forma desnecessária e habitual, alegações forenses ou relativas a causas pendentes, é uma infração disciplinar (art. 34, XIII do EAOAB).

O advogado poderá manter colunas em meios de comunicação social ou publicar textos por meio deles, mas não deverá nunca induzir o leitor a litigar, nem promover, dessa forma, captação de clientela, art. 41 do CED.

Não será possível o uso de outdoors, painéis luminosos ou formas assemelhadas de publicidade, a não ser para fins de identificação de escritórios. Viabiliza-se, dessa forma, placas, painéis luminosos e inscrições em fachadas de escritórios, desde que em consonância com o CED.

Veda-se as inscrições em muros, paredes, veículos, elevadores ou em qualquer espaço público, a divulgação de serviços de advocacia juntamente com a de outras atividades ou a indicação de vínculos entre as atuações profissionais.

Proíbe-se o fornecimento de dados de contato, como endereço e telefone, em colunas ou artigos literários, culturais, acadêmicos ou jurídicos, publicados na imprensa, bem assim quando de eventual participação em programas de rádio ou televisão, ou em veiculação de matérias pela internet, sendo permitida a referência ao e-mail.

Quanto a esta vedação do parágrafo anterior, cabe ressaltar disposição do provimento do Conselho Federal que interpreta de forma extensiva o CED:

> Provimento 205/2021. Art. 4. § 3º Para os fins do previsto no inciso V do art. 40 do Código de Ética e Disciplina, equiparam-se ao e-mail, todos os dados de contato e meios de comunicação do escritório ou advogado(a), inclusive os endereços dos sites, das redes sociais e os <u>aplicativos de mensagens instantâneas</u>, podendo também constar o logotipo, desde que em caráter informativo, respeitados os critérios de sobriedade e discrição. (grifos nossos)

Ao mesmo tempo em que o CED inviabiliza a divulgação de telefone, o provimento aponta a possibilidade de divulgação de aplicativo de mensagens instantâneas. Ao se verificar o caráter anacrônico do CED, o Conselho Federal foi além. Todavia, cuidado com o Exame de Ordem, a cobrança se dará apenas em relação à redação do CED.

A utilização de mala direta, a distribuição de panfletos ou formas assemelhadas de publicidade, com o intuito de captação de clientela também não são admitidas.

No campo das manifestações públicas, o advogado não poderá responder com habitualidade a consulta sobre matéria jurídica, nos meios de comunicação social. A participação é possível, de forma eventual (sem haver uma definição sobre), com objetivos educacionais e instrutivos.

Da mesma forma, proíbe-se o debate, em qualquer meio de comunicação, de causa sob o patrocínio de outro advogado. Não inviabiliza, porém, a discussão do direito.

Veda-se a abordagem de tema de modo a comprometer a dignidade da profissão e da instituição que o congrega. Por exemplo, um advogado que realiza ataques ao regime democrático, único ambiente possível para uma advocacia próspera.

Impede-se a divulgação de listas de clientes e demandas, em virtude do sigilo profissional. Muitos escritórios violam este dispositivo em seus sites com a guia "nossos clientes".

O advogado não deve se insinuar para reportagens e declarações públicas. Pode participar, uma vez buscado. Observe-se disposição do CED:

> Art. 43. O advogado que eventualmente participar de programa de televisão ou de rádio, de entrevista na imprensa, de reportagem televisionada ou veiculada por qualquer outro meio, para manifestação profissional, deve visar a objetivos exclusivamente ilustrativos,

educacionais e instrutivos, sem propósito de promoção pessoal ou profissional, vedados pronunciamentos sobre métodos de trabalho usados por seus colegas de profissão.

Parágrafo único. Quando convidado para manifestação pública, por qualquer modo e forma, visando ao esclarecimento de tema jurídico de interesse geral, deve o advogado evitar insinuações com o sentido de promoção pessoal ou profissional, bem como o debate de caráter sensacionalista. (grifos nossos)

Encerrada a análise dos dispositivos relevantes do CED, destaca-se que o provimento 205/2021, para viabilização do aprimoramento e fiscalização das disposições referentes à publicidade determinou a criação do Comitê Regulador do Marketing Jurídico – órgão consultivo, vinculado à diretoria do Conselho Federal e da Coordenação nacional de fiscalização.

A responsabilização pelo descumprimento das regras de publicidade se dará com a pessoa física identificada e, quando envolver pessoa jurídica (escritório), sócios administradores da sociedade de advocacia, art. 1, § 1º do provimento 205/2021.

Abordam-se abaixo alguns destaques extraídos do provimento do Conselho Federal:

Divulgação conjunta da advocacia?

Provimento 205/2021. Art. 8º Não é permitido vincular os serviços advocatícios com outras atividades ou divulgação conjunta de tais atividades, salvo a de magistério, ainda que complementares ou afins.

Parágrafo único. Não caracteriza infração ético-disciplinar o exercício da advocacia em locais compartilhados (*coworking*).

sendo vedada a divulgação da atividade de advocacia em conjunto com qualquer outra atividade ou empresa que compartilhem o mesmo espaço, ressalvada a possibilidade de afixação de placa indicativa no espaço físico em que se desenvolve a advocacia e a veiculação da informação de que a atividade profissional é desenvolvida em local de *coworking*. (grifos nossos)

"Lives" nas redes sociais e Youtube?

Provimento 205/2021. Art. 5. § 3º É permitida a participação do advogado ou da advogada em vídeos ao vivo ou gravados, na internet ou nas redes sociais, assim como em debates e palestras virtuais, desde que observadas as regras dos arts. 42 e 43 do CED, sendo vedada a utilização de casos concretos ou apresentação de resultados.

Patrocínio e impulsionamento nas redes sociais?

Provimento 205/2021. Art. 4º No marketing de conteúdos jurídicos poderá ser utilizada a <u>publicidade ativa ou passiva, desde que não esteja incutida a mercantilização, a captação de clientela ou o emprego excessivo de recursos financeiros, sendo admitida a utilização de anúncios, pagos ou não, nos meios de comunicação</u>, exceto nos meios vedados pelo art. 40 do Código de Ética e Disciplina e desde que respeitados os limites impostos pelo inciso V do mesmo artigo e pelo Anexo Único deste provimento. (grifos nossos)

Art. 2. VI – Publicidade ativa: divulgação capaz de atingir número indeterminado de pessoas, mesmo que elas não tenham buscado informações acerca do anunciante ou dos temas anunciados; VII – Publicidade passiva: divulgação capaz de atingir somente público certo que tenha buscado informações acerca do anunciante ou dos temas anunciados, bem como por aqueles que concordem previamente com o recebimento do anúncio;

Aquisição de palavra-chave a exemplo do Google Ads?

Permitida a utilização de ferramentas de aquisição de palavra-chave quando responsivo a uma busca iniciada pelo potencial cliente e desde que as <u>palavras selecionadas estejam em consonância com ditames éticos</u>. Proibido o uso de anúncios ostensivos em plataformas de vídeo.

Chatbot?

Inteligência artificial – não pode afastar a pessoalidade da prestação do serviço jurídico, nem suprimir a imagem, o poder decisório e as responsabilidades do profissional. Respostas às primeiras dúvidas de um potencial cliente ou para encaminhar as primeiras informações sobre a atuação do escritório. Ou ainda, como uma solução para coletar dados, informações ou documentos.

Aplicativos para responder a consultas jurídicas?

Inviável respostas automáticas a consultas. <u>Supressão da imagem, do poder decisório e das responsabilidades do profissional. Mercantilização dos serviços jurídicos.</u>

Grupos de "Whatsapp"?

Grupo de pessoas determinadas, das relações da(o) advogada(o) ou do escritório de advocacia e seu conteúdo respeite as normas do Código de Ética e Disciplina e do presente provimento.

QUESTÕES

Ano: 2016 **Banca:** FGV Órgão: OAB **Prova:** FGV – 2016 – OAB – Exame de Ordem Unificado – XX – Primeira Fase (Reaplicação Salvador/BA)

As advogadas Juliana e Patrícia, iniciando carreira na advocacia, acreditam que seja necessária a divulgação de seus serviços, para se tornarem conhecidas. Assim, decidem realizar publicidade de sua atuação, mediante as seguintes medidas: primeiramente, publicam um anúncio, em jornal de grande circulação, onde constam seus nomes, números de inscrição na OAB e endereço de atuação. Além disso, anunciam no rádio suas qualificações profissionais, bem como expedem correspondências a seus clientes e a colegas advogados, contendo boletim informativo e comentários à legislação.

Sobre a situação apresentada, assinale a opção correta.

A. Se realizadas com discrição e moderação, as publicações no jornal e as correspondências expedidas não representam infração ética, porém a veiculação do anúncio no rádio viola o Código de Ética e Disciplina da OAB.

B. As três medidas de publicidade adotadas por Juliana e Patrícia violam o disposto no Código de Ética e Disciplina da OAB, pois é vedado ao advogado anunciar seus serviços profissionais de forma a alcançar uma coletividade de pessoas.

C. Apenas a expedição de correspondências contendo boletim informativo e comentários à legislação configura violação ao previsto no Código de Ética e Disciplina da OAB, já que é vedada a comunicação do advogado por correspondências, salvo aquelas destinadas a informar os clientes de seus interesses.

D. Se realizadas com razoabilidade, nenhuma das medidas adotadas viola o Código de Ética e Disciplina da OAB, porque o advogado pode anunciar seus serviços profissionais, individual ou coletivamente, desde que observadas moderação e discrição quanto ao conteúdo, forma e dimensões.

> **Resposta correta:** Item a. Com o anúncio, em jornal de grande circulação, contendo nomes, números de inscrição na OAB e endereço de atuação, cumpriu-se com as disposições do CED. Contudo, a publicidade por meio do rádio viola o CED.

Ano: 2015 **Banca:** FGV Órgão: OAB **Prova:** FGV – 2015 – OAB – Exame de Ordem Unificado – XVII – Primeira Fase

O advogado Nelson, após estabelecer seu escritório em local estratégico nas proximidades dos prédios que abrigam os órgãos judiciários representantes de todas as esferas da Justiça, resolve publicar anúncio em que, além dos seus títulos acadêmicos, expõe a sua vasta experiência profissional, indicando os vários cargos governamentais ocupados, inclusive o de Ministro de prestigiada área social.

Nos termos do Código de Ética da Advocacia, assinale a afirmativa correta.

- **A.** O anúncio está adequado aos termos do Código, pois indica os títulos acadêmicos e a experiência profissional.
- **B.** O anúncio está adequado aos termos do Código, por não conter adjetivações ou referências elogiosas ao profissional.
- **C.** O anúncio colide com as normas do Código, pois a referência a títulos acadêmicos é vedada por indicar a possibilidade de captação de clientela.
- **D.** O anúncio colide com as normas do Código, que proíbem a referência a cargos públicos capazes de gerar captação de clientela.

> **Resposta correta:** Item d. O CED não inviabiliza a divulgação de títulos acadêmicos. Contudo, cargos públicos não podem ser divulgados.

3.5. INFRAÇÕES E SANÇÕES DISCIPLINARES

O EAOAB estabelece um rol taxativo de infrações administrativas, do art. 34 ao 43, com a imposição de sanções que acompanham o grau de gravidade da conduta do advogado. Destacando, de início, que a jurisdição disciplinar não excluirá a atuação do Judiciário quando o fato analisado constituir crime ou contravenção.

Abordar-se-á as previsões abstratas de comportamentos antijurídicos em bloco, a partir do sancionamento imposto. As infrações apresentadas a seguir, uma vez praticadas, possibilitam a punição do advogado com a pena de censura. Trata-se de ações indevidas a envolver aspectos jurídicos processuais:

Art. 34. EAOAB. Constitui infração disciplinar:

I - Exercer a profissão, quando impedido de fazê-lo, ou facilitar, por qualquer meio, o seu exercício aos não inscritos, proibidos ou impedidos;

Existem diversos impedimentos ao exercício da advocacia, como narrado anteriormente, gerando até mesmo a nulidade de atos eventualmente praticados, sem desconsiderar a possibilidade da sanção disciplinar.

II - **Manter sociedade profissional fora das normas e preceitos estabelecidos nesta lei;**

Por exemplo, advogado, membro de sociedade de advogados, que exerça advocacia em conjunto com outros advogados (de forma apartada da sociedade que integra) no território da mesma seccional.

III - **Valer-se de agenciador de causas, mediante participação nos honorários a receber;**

Contratação de um angariador de causas, negociando participação em eventuais honorários. A advocacia não pode ser mercantilizada.

IV - **Angariar ou captar causas, com ou sem a intervenção de terceiros;**

Como antes indicado, a captação de clientela é abordada como prática negativa no EAOAB, bem como no Código de Ética e Disciplina. Exemplificando, a prática de publicidade imoderada – mercantilização da profissão.

V - **Assinar qualquer escrito destinado a processo judicial ou para fim extrajudicial que não tenha feito, ou em que não tenha colaborado;**

O causídico não pode vender a própria assinatura. Outra situação seria subscrever acordo editado por um colega advogado, após tratativas (prática legítima).

VI - **Advogar contra literal disposição de lei, presumindo-se a boa-fé quando fundamentado na inconstitucionalidade, na injustiça da lei ou em pronunciamento judicial anterior;**

VII - **Violar, sem justa causa, sigilo profissional;**

A justa causa envolve a grave ameaça à vida ou à honra de qualquer pessoa, bem como a autodefesa do causídico.

VIII - **Estabelecer entendimento com a parte adversa sem autorização do cliente ou ciência do advogado contrário;**

O advogado não deve agir "pelas costas" de seu cliente, do contrário há quebra de confiança.

IX - **Prejudicar, por culpa grave, interesse confiado ao seu patrocínio;**

A culpa grave seria o cometimento de erros comissivos ou omissivos, como o não comparecimento à audiência aprazada, falta de acionamento das vias recursais no prazo, redação de peças ineptas etc.

X - **Acarretar, conscientemente, por ato próprio, a anulação ou a nulidade do processo em que funcione;**

Atos vis não são admitidos. Ex.: Ajuizamento de ação por advogado suspenso.

XI - **Abandonar a causa sem justo motivo ou antes de decorridos dez dias da comunicação da renúncia;**

O advogado que queira deixar de atuar deve cumprir com o procedimento da renúncia, já narrado nesta obra.

XII - **Recusar-se a prestar, sem justo motivo, assistência jurídica, quando nomeado em virtude de impossibilidade da Defensoria Pública;**

Na impossibilidade da Defensoria, caso nomeado, o advogado deve atuar.

XIII - **Fazer publicar na imprensa, desnecessária e habitualmente, alegações forenses ou relativas a causas pendentes;**

XIV - **Deturpar o teor de dispositivo de lei, de citação doutrinária ou de julgado, bem como de depoimentos, documentos e alegações da parte contrária, para confundir o adversário ou iludir o juiz da causa;**

Comportamento fraudulento do advogado que deturpa teor da lei ou precedente judicial para confundir o juízo.

XV - **Fazer, em nome do constituinte, sem autorização escrita deste, imputação a terceiro de fato definido como crime;**

XVI - **Deixar de cumprir, no prazo estabelecido, determinação emanada do órgão ou de autoridade da Ordem, em matéria da competência desta, depois de regularmente notificado;**

[...]

XVII - **Praticar, o estagiário, ato excedente de sua habilitação.**

As infrações aptas ao sancionamento com a suspensão do advogado se referem a questões de dinheiro, carga de autos, inépcia, fraude, anuidade ou incompatibilidade, quais sejam:

XVIII - **Prestar concurso a clientes ou a terceiros para realização de ato contrário à lei ou destinado a fraudá-la;**

Ex.: Conluio do advogado com cliente ou terceiro para infringir a lei ou fraudá-la. Por exemplo, o advogado que se utiliza de um alvará de soltura falso para libertar clientes.

XIX - **Solicitar ou receber de constituinte qualquer importância para aplicação ilícita ou desonesta;**

Advogado solicitando ou simplesmente recebendo valor para que seja aplicado em suborno.

XX - **Receber valores, da parte contrária ou de terceiro, relacionados com o objeto do mandato, sem expressa autorização do constituinte;**

Ideia de lealdade ao cliente, conforme se espera de uma relação de confiança.

XXI - **Locupletar-se, por qualquer forma, à custa do cliente ou da parte adversa, por si ou interposta pessoa;**

Ex.: Cláusula de majoração de honorários, com cobranças desarrazoadas, sem real motivação (a partir da análise do trabalho técnico realizado).

XXII - **Recusar-se, injustificadamente, a prestar contas ao cliente de quantias recebidas dele ou de terceiros por conta dele;**

O advogado possui dever legal de prestar contas ao cliente.

XXIII - Reter, abusivamente, ou extraviar autos recebidos com vista ou em confiança;

A abusividade estará na necessidade de expedição de mandado de busca e apreensão dos autos.

XXIV - Deixar de pagar as contribuições, multas e preços de serviços devidos à OAB, depois de regularmente notificado a fazê-lo;

XXV - Incidir em erros reiterados que evidenciem inépcia profissional;

Deficiência de formação, erros de linguagem, expressões sem sentido e alegações descabidas no patrocínio de causa.

XXVI - Manter conduta incompatível com a advocacia;

XXVII - Parágrafo único. Inclui-se na conduta incompatível:

a) **prática reiterada de jogo de azar, não autorizado por lei;**

b) **incontinência pública e escandalosa;**

c) **embriaguez ou toxicomania habituais.**

Quanto à hipótese de exclusão dos quadros, são as seguintes infrações possíveis:

XXVIII - Fazer falsa prova de qualquer dos requisitos para inscrição na OAB;

Nunca se preencheu requisito para inscrição nos quadros da OAB.

XXIX - Tornar-se moralmente inidôneo para o exercício da advocacia;

O que demandará decisão de 2/3 dos membros do Conselho Seccional, com direito à ampla defesa (art. 38 do EAOAB). Situação verificada caso a caso. Ex.: Violência doméstica.

XXX - Praticar crime infamante;

Prática de crime de grave repercussão social.

Destarte, as sanções possíveis de aplicação, nos termos do art. 35 do EAOAB, são a censura, suspensão, exclusão e a multa (punição que será aplicada conjuntamente à censura ou à suspensão).

A sanção, após o trânsito em julgado, constará no assentamento do advogado inscrito (prontuário do advogado), não sendo objeto de publicidade a de censura.

A censura é a punição mais branda, uma sanção escrita que irá constar no assentamento do advogado, fazendo com que perca a condição de "primário". Não inviabiliza de qualquer modo o exercício da profissão. Aplica-se nas hipóteses do EAOAB, possuindo caráter subsidiário (quando não for prevista punição a título de exclusão ou suspensão).

> Art. 36. EAOAB. A censura é aplicável nos casos de:
>
> I - infrações definidas nos incisos I a XVI e XXIX do art. 34;
>
> II - violação a preceito do Código de Ética e Disciplina;
>
> III - violação a preceito desta lei, quando para a infração não se tenha estabelecido sanção mais grave.

Parágrafo único. A censura pode ser convertida em **advertência**, em ofício reservado, sem registro nos assentamentos do inscrito, quando presente circunstância atenuante. (grifos nossos)

Sobre a advertência, enfatize-se, não é uma das sanções previstas na lei. Há a previsão de conversão da pena de censura aplicada em advertência, desde que constatadas atenuantes. Verifique-se o rol exemplificativo de atenuantes previstas no EAOAB:

> Art. 40. EAOAB. Na aplicação das sanções disciplinares, são consideradas, para fins de atenuação, as seguintes circunstâncias, entre outras:
>
> I – falta cometida na defesa de prerrogativa profissional;
>
> II – ausência de punição disciplinar anterior;
>
> III – exercício assíduo e proficiente de mandato ou cargo em qualquer órgão da OAB;
>
> IV – prestação de relevantes serviços à advocacia ou à causa pública.
>
> Parágrafo único. Os antecedentes profissionais do inscrito, as atenuantes, o grau de culpa por ele revelada, as circunstâncias e as consequências da infração são considerados para o fim de decidir:
>
> a) sobre a conveniência da aplicação cumulativa da multa e de outra sanção disciplinar;
>
> b) sobre o tempo de suspensão e o valor da multa aplicáveis. (grifos nossos)

A suspensão corresponde à interdição do exercício da advocacia, inviabilizando-a por determinado período (trinta dias a doze meses). Publica-se e registra-se nos assentamentos do advogado inscrito, sendo, portanto, uma sanção pública. Durante o período de suspensão, paga-se anuidade, mas não é viável o exercício da advocacia, sob pena de exercício ilegal da profissão, bem como nulidade de atos processuais praticados.

> Art. 37. EAOAB. A suspensão é aplicável nos casos de:
>
> I – infrações definidas nos incisos XVII a XXV do art. 34;
>
> II – reincidência em infração disciplinar.
>
> § 1º A suspensão acarreta ao infrator a interdição do exercício profissional, em todo o território nacional, pelo prazo de trinta dias a doze meses, de acordo com os critérios de individualização previstos neste capítulo.
>
> § 2º Nas hipóteses dos incisos XXI e XXIII do art. 34, a suspensão perdura até que satisfaça integralmente a dívida, inclusive com correção monetária.
>
> § 3º Na hipótese do inciso XXIV do art. 34, a suspensão perdura até que preste novas provas de habilitação. (grifos nossos)

Conforme o parágrafo segundo do art. 37, no caso de recusa injustificada em prestação de contas de quantias recebidas do cliente ou de terceiro por conta do cliente e, ainda, na inadimplência do pagamento de contribuições, multas e preços de serviços devidos à OAB, a suspensão irá perdurar até a prestação de contas ou quitação da dívida, respectivamente. Contudo, a interdição do exercício profissional até que ocorra o pagamento da dívida é bastante questionável.

Nesse sentido:

> RECURSO EXTRAORDINÁRIO. REPERCUSSÃO GERAL. DIREITO TRIBUTÁRIO E ADMINISTRATIVO. CONSELHO DE FISCALIZAÇÃO PROFISSIONAL. ORDEM DOS

ADVOGADOS DO BRASIL – OAB. SANÇÃO. SUSPENSÃO. INTERDITO DO EXERCÍCIO PROFISSIONAL. INFRAÇÃO DISCIPLINAR [...] 3. <u>Não é dado a conselho de fiscalização profissional perpetrar sanção de interdito profissional, por tempo indeterminado até a satisfação da obrigação pecuniária, com a finalidade de fazer valer seus interesses de arrecadação frente a infração disciplinar consistente na inadimplência fiscal. Trata-se de medida desproporcional e caracterizada como sanção política em matéria tributária.</u> 4. Há diversos outros meios alternativos judiciais e extrajudiciais para cobrança de dívida civil que não obstaculizam a percepção de verbas alimentares ou atentam contra a inviolabilidade do mínimo existencial do devedor. Por isso, infere-se ofensa ao devido processo legal substantivo e aos princípios da razoabilidade e da proporcionalidade, haja vista a ausência de necessidade do ato estatal. 5. Fixação de Tese de julgamento para efeitos de repercussão geral: "É inconstitucional a suspensão realizada por conselho de fiscalização profissional do exercício laboral de seus inscritos por inadimplência de anuidades, pois a medida consiste em sanção política em matéria tributária." 6. Recurso extraordinário a que se dá provimento, com declaração de inconstitucionalidade dos arts. 34, XXIII, e 37, § 2º, da Lei 8.906/1994.

(RE 647885, Relator(a): EDSON FACHIN, Tribunal Pleno, julgado em 27/04/2020, ACÓRDÃO ELETRÔNICO REPERCUSSÃO GERAL – MÉRITO DJe-123 DIVULG 18-05-2020 PUBLIC 19-05-2020) (grifos nossos)

Na hipótese do parágrafo terceiro, indica-se que se a suspensão for imposta em virtude de erros reiterados (que evidenciem inépcia profissional) perdurará até novas provas de habilitação, isto é, cursos de atualização em direito.

A exclusão é o afastamento definitivo dos quadros da OAB, publicada e registrada nos assentamentos do advogado. Pela gravidade, deve-se ter atenção ao devido processo legal administrativo para a imposição.

> Art. 38. EAOAB. A exclusão é aplicável nos casos de:
>
> I – aplicação, por três vezes, de suspensão; (Abertura de processo para exclusão – após aplicação da terceira suspensão).
>
> II – infrações definidas nos incisos XXVI a XXVIII do art. 34.
>
> XXVI – fazer falsa prova de qualquer dos requisitos para inscrição na OAB;
>
> XXVII – tornar-se moralmente inidôneo para o exercício da advocacia;
>
> XXVIII – praticar crime infamante;
>
> Parágrafo único. Para a aplicação da sanção disciplinar de exclusão, é necessária <u>a manifestação favorável de dois terços dos membros do Conselho Seccional competente</u>. (grifos nossos)

A pena de exclusão será imposta pelo Conselho Seccional, confirmando o julgamento do Tribunal de Ética e Disciplina, que deverá recorrer de ofício (um tipo de "remessa necessária"), independentemente do recurso voluntário da parte interessada.

A multa é uma sanção acessória, aplicada cumulativamente à censura ou suspensão, diante de circunstância agravante (como a reincidência ou a gravidade da culpa – a ser analisada caso a caso), variando entre o mínimo correspondente ao valor de uma anuidade e o máximo de seu décuplo.

> Art. 39. EAOAB. A multa, variável entre o <u>mínimo correspondente ao valor de uma anuidade e o máximo de seu décuplo</u>, é <u>aplicável cumulativamente com a censura ou suspensão</u>, em havendo <u>circunstâncias agravantes</u>. (grifos nossos)

Neste ponto, destaca-se que não existe sancionamento perpétuo no sistema jurídico brasileiro, de modo que até mesmo com a exclusão dos quadros da OAB, será possível a retomada da inscrição. A reabilitação disciplinar possui previsão estatutária.

> Art. 41. EAOAB, É permitido ao que tenha sofrido qualquer sanção disciplinar requerer, <u>um ano após seu cumprimento, a reabilitação, em face de provas efetivas de bom comportamento</u>.
>
> Parágrafo único. Quando a <u>sanção disciplinar resultar da prática de crime</u>, o pedido de reabilitação depende também da correspondente <u>reabilitação criminal</u>. (grifos nossos)

Ora, cumprindo-se a sanção disciplinar, com provas de bom comportamento, o registro do advogado seria "limpo". Depois de um ano do cumprimento da sanção imposta, o advogado poderá solicitar ao Tribunal de Ética e Disciplina (TED) a reabilitação.

Quanto à prescrição punitiva, há dois prazos distintos:

> Art. 43. EAOAB. A pretensão à punibilidade das infrações disciplinares prescreve em cinco anos, <u>contados da data da constatação oficial do fato.</u> (grifos nossos)

No *caput* do art. 43, verifica-se que o prazo prescricional para a punição administrativa é contado não a partir da data da falta, mas sim de sua constatação oficial pela Ordem dos Advogados (o que ocorre pela instauração do processo disciplinar – representação ofertada).

Art. 43. § 1° Aplica-se a prescrição a todo processo disciplinar paralisado por mais de três anos, pendente de despacho ou julgamento, devendo ser arquivado de ofício, ou a requerimento da parte interessada, sem prejuízo de serem apuradas as responsabilidades pela paralisação. (grifos nossos)

A prescrição intercorrente/ intertemporal acontece no caso de processo administrativo disciplinar paralisado, pendente de despacho ou julgamento, por mais de três anos, devendo ocorrer o arquivamento de ofício (ou a requerimento do interessado).

Art. 43. § 2° A prescrição interrompe-se:

I – pela instauração de processo disciplinar ou pela notificação válida feita diretamente ao representado;

II – pela decisão condenatória recorrível de qualquer órgão julgador da OAB.

Com a interrupção da prescrição (instauração do processo disciplinar, notificação válida ao representado ou decisão condenatória recorrível) o prazo será zerado, possibilitando a continuidade do processo disciplinar para responsabilização do advogado.

QUESTÕES

Aline, advogada inscrita na OAB, poderá praticar validamente, durante o período em que estiver cumprindo sanção disciplinar de suspensão, o seguinte ato:

A. Impetrar *habeas corpus* perante o Superior Tribunal de Justiça.

B. Visar ato constitutivo de cooperativa, para que seja levado a registro.

C. Complementar parecer que elaborara em resposta à consulta jurídica.

D. Interpor recurso com pedido de reforma de sentença que lhe foi desfavorável em processo no qual atuava em causa própria.

> **Resposta correta:** Item a. Como advogada suspensa, não poderá praticar qualquer ato privativo de advogada. *Habeas corpus* não é um ato privativo, de modo que a advogada suspensa poderia realizá-lo.

Ano: 2019 **Banca:** FGV Órgão: OAB **Prova:** FGV – 2019 – OAB – Exame de Ordem Unificado – XXVIII – Primeira Fase

Gabriel, advogado, teve aplicada contra si penalidade de suspensão, em razão da prática das seguintes condutas: atuar junto a cliente para a realização de ato destinado a fraudar a lei; recusar-se a prestar contas ao cliente de quantias recebidas dele e incidir em erros reiterados que evidenciaram inépcia profissional.

Antes de decorrido o prazo para que pudesse requerer a reabilitação quanto à aplicação dessas sanções e após o trânsito em julgado das decisões administrativas, instaurou-se contra ele, em razão dessas punições prévias, novo processo disciplinar.

Com base no caso narrado, assinale a opção que indica a penalidade disciplinar a ser aplicada.

A. De exclusão, para a qual é necessária a manifestação da maioria absoluta dos membros do Conselho Seccional competente.

B. De suspensão, que o impedirá de exercer o mandato e implicará o cancelamento de sua inscrição na OAB.

C. De exclusão, ficando o pedido de nova inscrição na OAB condicionado à prova de reabilitação.

D. De suspensão, que o impedirá de exercer o mandato e o impedirá de exercer a advocacia em todo o território nacional, pelo prazo de doze a trinta meses.

Resposta correta: Item c. Nos termos do art. 38 do EAOAB, o sancionamento será de exclusão no caso de aplicação, por três vezes, de pena de suspensão.

3.6. PROCESSO ADMINISTRATIVO DISCIPLINAR

O Processo Administrativo Disciplinar (PAD) viabiliza o exercício do poder disciplinar, exclusivo da Ordem dos Advogados do Brasil, com a apuração de infrações disciplinares, garantindo-se o contraditório e a ampla defesa (direito fundamental ao devido processo legal administrativo). A regulamentação está prevista no EAOAB e no CED.

Aplicar-se-á subsidiariamente ao processo disciplinar as regras da legislação processual penal comum. Em relação aos demais processos administrativos, as regras gerais do procedimento administrativo comum e, sucessivamente, da legislação processual civil, conforme ordem estabelecida no art. 68 do EAOAB.

Os julgamentos serão realizados pelos Tribunais de Ética e Disciplina (TED). Considerando que existem vinte e sete tribunais, um por conselho seccional, deve-se atentar para a questão da competência.

A competência para análise do comportamento e eventual sancionamento será do TED do local do fato apurado, ou seja, o local onde a infração disciplinar foi cometida, independentemente do local onde o advogado tenha sua inscrição principal ou suplementar. Todavia, o conselho seccional da inscrição principal será o responsável pela aplicação da sanção disciplinar eventualmente imposta.

Como exceção à regra geral de competência do conselho seccional:

> Art. 58, § 5º. CED. A representação contra membros do Conselho Federal e Presidentes de Conselhos Seccionais é processada e julgada pelo Conselho Federal, sendo competente a Segunda Câmara reunida em sessão plenária. A representação contra membros da diretoria do Conselho Federal, Membros Honorários Vitalícios e detentores da Medalha Rui Barbosa será processada e julgada pelo Conselho Federal, sendo competente o Conselho Pleno. § 6º A representação contra dirigente de Subseção é processada e julgada pelo Conselho Seccional.

O processo disciplinar tramitará em sigilo (confidencial), até o término, razão pela qual apenas as partes (representante e representado), seus defensores, e julgadores possuem acesso.

> Art. 72. EAOAB. [...]
>
> § 2º O processo disciplinar tramita em sigilo, até o seu término, só tendo acesso às suas informações as partes, seus defensores e a autoridade judiciária competente. (grifos nossos)

O processo disciplinar terá sua instauração, instrução e julgamento, conforme os arts. 55 a 69 do CED, utilizados para a escrita das linhas seguintes. A instauração poderá ocorrer de ofício ou por meio de representação, amparo no art. 55 do CED.

No que se refere à instauração por representação, ocorrerá a partir de requerimento de qualquer pessoa (natural ou jurídica).

Este sujeito se tornará o representante (sequer precisa ser advogado). A comunicação poderá ocorrer por autoridade (como um delegado ou juiz de direito). Salientando que a autoridade comunicadora não desempenha um papel no PAD (após a comunicação da infração, está finalizada a sua participação).

Já a instauração de ofício pela OAB decorre do conhecimento do fato (infração disciplinar) por fonte idônea. No campo de fonte idônea, tem-se que a representação não poderá ser anônima (apócrifa). Afinal, ocorre a indicação de uma infração disciplinar, algo grave que leva à movimentação da OAB. Neste ponto, a notícia jornalística é fonte idônea para instauração de PAD.

Uma vez conhecido o fato (possível infração), o interesse pelo desenvolvimento do PAD passa a ser da OAB. Todavia, havendo representação/provocação, o representante poderá participar do processo, acompanhando, produzindo provas, recorrendo etc.

Nos termos do CED, a representação é direcionada ao presidente do conselho seccional ou presidente da subseção, sendo verbal ou escrita. No caso de representação verbal, haverá a redução a termo.

Entretanto, os regimentos internos dos conselhos seccionais costumam atribuir competência aos Tribunais de Ética e Disciplina para a instauração do PAD, de modo que a representação costuma ser dirigida ao presidente do TED.

No caso de representação direcionada ao Presidente do Conselho Seccional ou ao Presidente da Subseção, encaminha-se ao presidente do TED. Como todos os vinte e sete conselhos seccionais possuem TED, as representações são encaminhadas à presidência do TED em todas as unidades federadas.

Seguindo com a dinâmica do CED, o presidente do TED irá designar relator por sorteio (dentre os integrantes do TED). Relatores são advogados com experiência, aptos a conduzir o PAD. Junta-se aos autos da apuração ficha cadastral do advogado cujo comportamento esteja sendo apurado, certidões negativas ou positivas de punições anteriores, bem como certidão sobre a existência de representação em curso (todas as informações administrativas). O relator irá checar existência de agravantes ou atenuantes.

O relator terá que desenvolver um parecer de admissibilidade preliminar, opinando sobre o início do procedimento real, isto é, a efetiva instauração do processo administrativo ou pelo arquivamento liminar da apuração. O prazo será de trinta dias (sob pena de designação de outro relator). No parecer serão abordados os possíveis dispositivos legais infringidos pelo advogado.

Submete-se o parecer de admissibilidade ao presidente do TED, o responsável pela determinação de instauração ou arquivamento liminar da apuração. Usualmente, acata-se o parecer do relator. Trata-se de um despacho do presidente, aqui será possível ocorrer a instauração, de fato, do processo ético disciplinar. Salientando, como visto antes, que o despacho interrompe a prescrição punitiva (art. 58, § 4, CED).

Após a instauração, ocorrerá a notificação do advogado para esclarecimentos, a defesa prévia, a ser realizada no prazo de 15 dias úteis, a contar do primeiro dia útil imediato ao da juntada aos autos do aviso de recebimento (art. 69, § 1º EAOAB).

O advogado poderá ou não ser revel neste ponto. Em caso de revelia, nomeia-se um defensor dativo (que poderá realizar a defesa por negativa geral), não existindo presunção de veracidade das acusações apresentadas contra o advogado. O defensor não poderá ser conselheiro ou membro do TED. Ainda, o representado poderá arrolar até cinco testemunhas, caso acredite ser necessário para a realização de sua defesa.

Seguidamente, o relator irá proferir um despacho saneador, direcionando a apuração. Por exemplo, irá definir diligência, depoimentos pessoais das partes etc. Momento de colheita de provas, concluindo a instrução.

Com o fim da instrução, tem-se um parecer preliminar sendo proferido pelo relator, devendo ser submetido ao TED. O relator, após a defesa prévia e o saneamento, irá manifestar sua opinião, fatos passíveis de punição, com o enquadramento legal pertinente (tipificação). Seguidamente, haverá a abertura de prazo sucessivo para razões finais, 15 dias úteis (representante e representado).

É a oportunidade para que o advogado averiguado se manifeste sobre o parecer de enquadramento, pois é indispensável o contraditório e a ampla defesa. Após a sua manifestação, inicia-se a fase de julgamento.

O presidente do TED irá designar relator para o voto, ou seja, um novo relator definido por sorteio. Inclui-se a apuração na pauta de julgamento, primeira sessão após a distribuição do PAD ao relator. As partes interessadas serão notificadas com quinze dias de antecedência.

O relator irá proferir o seu voto, em seguida haverá abertura para a possibilidade de sustentação oral, pelo prazo de quinze minutos (representante e representado), possibilitando a tentativa de convencimento dos julgadores.

Lavrar-se-á acórdão com as informações do julgamento, decisão unânime ou não, capitulação da infração, penalidade estabelecida (censura, advertência, suspensão, cumulação de multa ou exclusão).

É a decisão de primeira instância do PAD, que já é colegiada. Caberá recurso da decisão do TED para o conselho seccional, no prazo de quinze dias úteis (art. 76 do EAOAB). Haverá também um último recurso ao conselho federal (art. 75 do EAOAB), mas neste último estar-se-á diante de um recurso excepcional, sem rediscussão do conjunto fático/probatório.

O recurso ao conselho federal, em regra, caberá de decisões não unânimes. Em caso de decisão unânime, será necessário demonstrar que houve afronta ao EAOAB, decisão do conselho federal ou de outro conselho seccional, ao regulamento geral ou ao código de ética e provimentos do conselho federal.

> Art. 75. EAOAB. Cabe recurso ao Conselho Federal de todas as decisões definitivas proferidas pelo Conselho Seccional, quando não tenham sido unânimes ou, sendo unânimes, contrariem esta lei, decisão do Conselho Federal ou de outro Conselho Seccional e, ainda, o regulamento geral, o Código de Ética e Disciplina e os Provimentos.
>
> Parágrafo único. Além dos interessados, o Presidente do Conselho Seccional é legitimado a interpor o recurso referido neste artigo.

Em regra, os recursos interpostos terão duplo efeito (devolutivo e suspensivo), a penalidade será imposta apenas após o trânsito em julgado. O recurso não terá efeito suspensivo, produzindo efeitos imediatos à decisão recorrida no caso de eleições (afinal, não é possível paralisar o processo eleitoral; suspensão preventiva de advogado; e cancelamento de inscrição nos quadros – uma vez obtida por falsa prova).

> Art. 70. EAOAB. § 3º O Tribunal de Ética e Disciplina do Conselho <u>onde o acusado tenha inscrição principal pode suspendê-lo preventivamente, em caso de repercussão prejudicial à dignidade da advocacia</u>, depois de ouvi-lo em sessão especial para a qual deve ser notificado a comparecer, salvo se não atender à notificação. Neste caso, o processo disciplinar deve ser concluído no <u>prazo máximo de noventa dias.</u> (grifos nossos)

Outro destaque se refere à revisão do processo disciplinar que ocorrerá em caso de erro de julgamento ou condenação baseada em falsa prova, art. 73, § 5º do EAOAB c/c art. 68 do CED.

A legitimidade para o requerimento de revisão será do advogado punido, sendo que o órgão que proferiu a decisão final terá a competência para análise do pedido.

O pedido de revisão não suspenderá os efeitos da decisão condenatória, salvo com a tutela cautelar para suspensão da execução (deferida pelo relator), ante a relevância dos fundamentos e o risco de consequências irreparáveis para o requerente.

Ainda, cabe frisar a possibilidade de se firmar termo de ajustamento de conduta (TAC) com o advogado nos casos de infração ética cuja punibilidade seja a censura, fazendo cessar a infração. Condiciona-se a possibilidade do termo de ajustamento à inexistência de repercussão negativa à advocacia, conforme o art. 58-A do CED.

Para finalizar, nos termos do art. 144-B do RG, não se pode decidir administrativamente, em qualquer grau de julgamento, com amparo em fundamento a respeito do qual não se tenha oportunizado manifestação às partes de forma oportuna, ainda que envolva matéria conhecível de ofício, ressaltando medidas de urgência, o que deixa clara a vedação da decisão "surpresa" no processo disciplinar.

Disposições legais destacadas do EAOAB:

Art. 68. Salvo disposição em contrário, aplicam-se subsidiariamente ao processo disciplinar as regras da legislação processual penal comum e, aos demais processos, as regras gerais do procedimento administrativo comum e da legislação processual civil, nessa ordem.

Art. 69. Todos os prazos necessários à manifestação de advogados, estagiários e terceiros, nos processos em geral da OAB, são de quinze dias, inclusive para interposição de recursos.

§ 1º Nos casos de comunicação por ofício reservado ou de notificação pessoal, considera-se dia do começo do prazo o primeiro dia útil imediato ao da juntada aos autos do respectivo aviso de recebimento. (Redação dada pela Lei nº 14.365, de 2022)

§ 2º No caso de atos, notificações e decisões divulgados por meio do Diário Eletrônico da Ordem dos Advogados do Brasil, o prazo terá início no primeiro dia útil seguinte à publicação, assim considerada o primeiro dia útil seguinte ao da disponibilização da informação no Diário. (Redação dada Lei nº 13.688, de 2018) (Vigência)

Art. 70. O poder de punir disciplinarmente os inscritos na OAB compete exclusivamente ao Conselho Seccional em cuja base territorial tenha ocorrido a infração, salvo se a falta for cometida perante o Conselho Federal.

§ 1º Cabe ao Tribunal de Ética e Disciplina, do Conselho Seccional competente, julgar os processos disciplinares, instruídos pelas Subseções ou por relatores do próprio conselho.

§ 2º A decisão condenatória irrecorrível deve ser imediatamente comunicada ao Conselho Seccional onde o representado tenha inscrição principal, para constar dos respectivos assentamentos.

§ 3º O Tribunal de Ética e Disciplina do Conselho onde o acusado tenha inscrição principal pode suspendê-lo preventivamente, em caso de repercussão prejudicial à dignidade da advocacia, depois de ouvi-lo em sessão especial para a qual deve ser notificado a comparecer, salvo se não atender à notificação. Neste caso, o processo disciplinar deve ser concluído no prazo máximo de noventa dias.

Art. 71. A jurisdição disciplinar não exclui a comum e, quando o fato constituir crime ou contravenção, deve ser comunicado às autoridades competentes.

Art. 72. O processo disciplinar instaura-se de ofício ou mediante representação de qualquer autoridade ou pessoa interessada.

§ 1º O Código de Ética e Disciplina estabelece os critérios de admissibilidade da representação e os procedimentos disciplinares.

§ 2º O processo disciplinar tramita em sigilo, até o seu término, só tendo acesso às suas informações as partes, seus defensores e a autoridade judiciária competente.

Art. 73. Recebida a representação, o Presidente deve designar relator, a quem compete a instrução do processo e o oferecimento de parecer preliminar a ser submetido ao Tribunal de Ética e Disciplina.

§ 1º Ao representado deve ser assegurado amplo direito de defesa, podendo acompanhar o processo em todos os termos, pessoalmente ou por intermédio de procurador, oferecendo defesa prévia após ser notificado, razões finais após a instrução e defesa oral perante o Tribunal de Ética e Disciplina, por ocasião do julgamento.

§ 2º Se, após a defesa prévia, o relator se manifestar pelo indeferimento liminar da representação, este deve ser decidido pelo Presidente do Conselho Seccional, para determinar seu arquivamento.

§ 3º O prazo para defesa prévia pode ser prorrogado por motivo relevante, a juízo do relator.

§ 4º Se o representado não for encontrado, ou for revel, o Presidente do Conselho ou da Subseção deve designar-lhe defensor dativo;

§ 5º É também permitida a revisão do processo disciplinar, por erro de julgamento ou por condenação baseada em falsa prova.

Art. 74. O Conselho Seccional pode adotar as medidas administrativas e judiciais pertinentes, objetivando a que o profissional suspenso ou excluído devolva os documentos de identificação.

Art. 75. Cabe recurso ao Conselho Federal de todas as decisões definitivas proferidas pelo Conselho Seccional, quando não tenham sido unânimes ou, sendo unânimes, contrariem esta lei, decisão do Conselho Federal ou de outro Conselho Seccional e, ainda, o regulamento geral, o Código de Ética e Disciplina e os Provimentos.

Parágrafo único. Além dos interessados, o Presidente do Conselho Seccional é legitimado a interpor o recurso referido neste artigo.

Art. 76. Cabe recurso ao Conselho Seccional de todas as decisões proferidas por seu Presidente, pelo Tribunal de Ética e Disciplina, ou pela diretoria da Subseção ou da Caixa de Assistência dos Advogados.

Art. 77. Todos os recursos têm efeito suspensivo, exceto quando tratarem de eleições (arts. 63 e seguintes), de suspensão preventiva decidida pelo Tribunal de Ética e Disciplina, e de cancelamento da inscrição obtida com falsa prova.

Parágrafo único. O regulamento geral disciplina o cabimento de recursos específicos, no âmbito de cada órgão julgador.

Dispositivos destacados do CED:

Art. 57. A representação deverá conter:

I - A identificação do representante, com a sua qualificação civil e endereço;

II - A narração dos fatos que a motivam, de forma que permita verificar a existência, em tese, de infração disciplinar;

III - Os documentos que eventualmente a instruam e a indicação de outras provas a ser produzidas, bem como, se for o caso, o rol de testemunhas, até o máximo de cinco;

IV - A assinatura do representante ou a certificação de quem a tomou por termo, na impossibilidade de obtê-la.

Art. 58. Recebida a representação, o Presidente do Conselho Seccional ou o da Subseção, quando esta dispuser de Conselho, designa relator, por sorteio, um de seus integrantes, para presidir a instrução processual.

§ 1º Os atos de instrução processual podem ser delegados ao Tribunal de Ética e Disciplina, conforme dispuser o regimento interno do Conselho Seccional, caso em que caberá ao seu Presidente, por sorteio, designar relator.

§ 2º Antes do encaminhamento dos autos ao relator, serão juntadas a ficha cadastral do representado e certidão negativa ou positiva sobre a existência de punições anteriores, com menção das faltas atribuídas. Será providenciada, ainda, certidão sobre a existência ou não de representações em andamento, a qual, se positiva, será acompanhada da informação sobre as faltas imputadas.

§ 3º O relator, atendendo aos critérios de admissibilidade, emitirá parecer propondo a instauração de processo disciplinar ou o arquivamento liminar da representação, no prazo de 30 (trinta) dias, sob pena de redistribuição do feito pelo Presidente do Conselho Seccional ou da Subseção para outro relator, observando-se o mesmo prazo.

§ 4º O Presidente do Conselho competente ou, conforme o caso, o do Tribunal de Ética e Disciplina, proferirá despacho declarando instaurado o processo disciplinar ou determinando o arquivamento da representação, nos termos do parecer do relator ou segundo os fundamentos que adotar.

§ 5º A representação contra membros do Conselho Federal e Presidentes de Conselhos Seccionais é processada e julgada pelo Conselho Federal, sendo competente a Segunda Câmara reunida em sessão plenária. A representação contra membros da diretoria do Conselho Federal, Membros Honorários Vitalícios e detentores da Medalha Rui Barbosa será processada e julgada pelo Conselho Federal, sendo competente o Conselho Pleno.

§ 6º A representação contra dirigente de Subseção é processada e julgada pelo Conselho Seccional.

§ 7º Os Conselhos Seccionais poderão instituir Comissões de Admissibilidade no âmbito dos Tribunais de Ética e Disciplina, compostas por seus membros ou por Conselheiros Seccionais, com atribuição de análise prévia dos pressupostos de admissibilidade das representações ético-disciplinares, podendo propor seu arquivamento liminar.

Art. 58-A. CED. Nos casos de infração ético-disciplinar punível com censura, será admissível a celebração de termo de ajustamento de conduta, se o fato apurado não tiver gerado repercussão negativa à advocacia. Parágrafo único. O termo de ajustamento de conduta previsto neste artigo será regulamentado em provimento do Conselho Federal da OAB.

Art. 59. Compete ao relator do processo disciplinar determinar a notificação dos interessados para prestar esclarecimentos ou a do representado para apresentar defesa prévia, no prazo de 15 (quinze) dias, em qualquer caso.

§ 1º A notificação será expedida para o endereço constante do cadastro de inscritos do Conselho Seccional, observando-se, quanto ao mais, o disposto no Regulamento Geral.

§ 2º Se o representado não for encontrado ou ficar revel, o Presidente do Conselho competente ou, conforme o caso, o do Tribunal de Ética e Disciplina designar-lhe-á defensor dativo.

§ 3º Oferecida a defesa prévia, que deve ser acompanhada dos documentos que possam instruí-la e do rol de testemunhas, até o limite de 5 (cinco), será proferido despacho saneador e, ressalvada a hipótese do § 2º do art. 73 do EAOAB, designada, se for o caso, audiência para oitiva do representante, do representado e das testemunhas.

§ 4º O representante e o representado incumbir-se-ão do comparecimento de suas testemunhas, salvo se, ao apresentarem o respectivo rol, requererem, por motivo justificado, sejam elas notificadas a comparecer à audiência de instrução do processo.

§ 5º O relator pode determinar a realização de diligências que julgar convenientes, cumprindo-lhe dar andamento ao processo, de modo que este se desenvolva por impulso oficial.

§ 6º O relator somente indeferirá a produção de determinado meio de prova quando esse for ilícito, impertinente, desnecessário ou protelatório, devendo fazê-lo fundamentadamente.

§ 7º Concluída a instrução, o relator profere parecer preliminar, a ser submetido ao Tribunal de Ética e Disciplina, dando enquadramento legal aos fatos imputados ao representado.

§ 8º Abre-se, em seguida, prazo sucessivo de 15 (quinze) dias, ao interessado e ao representado, para apresentação de razões finais.

Art. 60. O Presidente do Tribunal de Ética e Disciplina, após o recebimento do processo, devidamente instruído, designa, por sorteio, relator para proferir voto.

§ 1º Se o processo já estiver tramitando perante o Tribunal de Ética e Disciplina ou perante o Conselho competente, o relator não será o mesmo designado na fase de instrução.

§ 2º O processo será incluído em pauta na primeira sessão de julgamentos após a distribuição ao relator.

§ 3º O representante e o representado são notificados pela Secretaria do Tribunal, com 15 (quinze) dias de antecedência, para comparecerem à sessão de julgamento.

§ 4º Na sessão de julgamento, após o voto do relator, é facultada a sustentação oral pelo tempo de 15 (quinze) minutos, primeiro pelo representante e, em seguida, pelo representado.

Art. 61. Do julgamento do processo disciplinar lavrar-se-á acórdão, do qual constarão, quando procedente a representação, o enquadramento legal da infração, a sanção aplicada, o quórum de instalação e o de deliberação, a indicação de haver sido esta adotada com base no voto do relator ou em voto divergente, bem como as circunstâncias agravantes ou atenuantes consideradas e as razões determinantes de eventual conversão da censura aplicada em advertência sem registro nos assentamentos do inscrito.

QUESTÕES

Ano: 2022 **Banca:** FGV Órgão: OAB **Prova:** FGV – 2022 – OAB – Exame de Ordem Unificado XXXV – Primeira Fase

O estagiário de Direito Jefferson Santos, com o objetivo de divulgar a qualidade de seus serviços, realizou publicidade considerada irregular por meio da Internet, por resultar em captação de clientela, nos termos do Código de Ética e Disciplina da OAB.

Quanto aos instrumentos admitidos no caso em análise, assinale a afirmativa correta.

- **A.** É admitida a celebração de termo de ajustamento de conduta, tanto no âmbito dos Conselhos Seccionais quanto do Conselho Federal, para fazer cessar a publicidade irregular praticada.
- **B.** Não é permitida a celebração de termo de ajustamento de conduta, tendo em vista tratar-se de estagiário.
- **C.** É admitida a celebração de termo de ajustamento de conduta para fazer cessar a publicidade irregular praticada, que deverá seguir regulamentação constante em provimentos de cada Conselho Seccional, quanto aos seus requisitos e condições.
- **D.** Não é permitida a celebração de termo de ajustamento de conduta, tendo em vista a natureza da infração resultante da publicidade irregular narrada.

Resposta correta: Item a. O termo de ajustamento de conduta é viável. A infração é punível com censura e não há repercussão negativa para a advocacia. A regulamentação cabe ao conselho federal, nos termos do art. 58-A do CED, podendo ser utilizado o instituto no âmbito dos conselhos seccionais e federal. Saliente-se que o estagiário inscrito na OAB, enquanto estagiário, praticando infração disciplinar, estará sujeito à jurisdição do TED.

Ano: 2022 **Banca:** FGV Órgão: OAB **Prova:** FGV – 2022 – OAB – Exame de Ordem Unificado XXXIV – Primeira Fase

Beatriz, advogada, oferece representação perante a OAB em razão de Isabela, outra advogada que atua na mesma área e na mesma cidade, ter supostamente praticado atos de captação de causas.

Preocupada com as consequências dessa representação, Isabela decidiu estudar as normas que regem possível processo disciplinar a ser instaurado perante a OAB.

Ao fazê-lo, Isabela concluiu que

- **A.** O processo disciplinar pode ser instaurado de ofício, não dependendo de representação de autoridade ou da pessoa interessada.
- **B.** O processo disciplinar tramita em sigilo até o seu término, permitindo-se o acesso às suas informações somente às partes e a seus defensores por ordem da autoridade judiciária competente.
- **C.** Ao representado deve ser assegurado amplo direito de defesa, cabendo ao Tribunal de Ética e Disciplina, por ocasião do julgamento, avaliar a necessidade de defesa oral.
- **D.** Se, após a defesa prévia, o relator se manifestar pelo indeferimento liminar da representação, o processo deverá ser levado a julgamento pelo Tribunal de Ética e Disciplina, que poderá determinar seu arquivamento.

Resposta correta: Item a. O processo pode ser instaurado por representação ou de ofício, a considerar o interesse da OAB no controle de eventuais infrações.

3.7. ORGANIZAÇÃO DA OAB

Para a compreensão da organização da OAB será necessário verificar as disposições do Estatuto da Advocacia, do Regimento Geral e do Código de Ética e Disciplina. As disposições são claras, razão pela qual serão organizados os principais artigos com a realização de comentários, quando pertinentes.

Art. 44. EAOAB. A Ordem dos Advogados do Brasil (OAB), serviço público, dotada de personalidade jurídica e forma federativa, tem por finalidade:

I - Defender a Constituição, a ordem jurídica do Estado democrático de direito, os direitos humanos, a justiça social, e pugnar pela boa aplicação das leis, pela rápida administração da justiça e pelo aperfeiçoamento da cultura e das instituições jurídicas; (Finalidade institucional)

II - Promover, com exclusividade, a representação, a defesa, a seleção e a disciplina dos advogados em toda a República Federativa do Brasil. (Finalidade corporativa)

§ 1º A OAB não mantém com órgãos da Administração Pública qualquer vínculo funcional ou hierárquico.

§ 2º O uso da sigla OAB é privativo da Ordem dos Advogados do Brasil.

Art. 45. São órgãos da OAB:

I - O Conselho Federal;

II - Os Conselhos Seccionais;

III - As Subseções;

IV - As Caixas de Assistência dos Advogados.

§ 1º O Conselho Federal, dotado de personalidade jurídica própria, com sede na capital da República, é o órgão supremo da OAB.

§ 2º Os Conselhos Seccionais, dotados de personalidade jurídica própria, têm jurisdição sobre os respectivos territórios dos Estados-membros, do Distrito Federal e dos Territórios.

§ 3º As Subseções são partes autônomas do Conselho Seccional, na forma desta lei e de seu ato constitutivo.

As subseções estão vinculadas aos Conselhos Seccionais, não possuem personalidade jurídica própria.

§ 4º As Caixas de Assistência dos Advogados, dotadas de personalidade jurídica própria, são criadas pelos Conselhos Seccionais, quando estes contarem com mais de mil e quinhentos inscritos.

§ 5º A OAB, por constituir serviço público, goza de imunidade tributária total em relação a seus bens, rendas e serviços.

Trata-se de imunidade total – qualquer tributo (impostos, taxas etc.).

§ 6º Os atos conclusivos dos órgãos da OAB, salvo quando reservados ou de administração interna, devem ser publicados na imprensa oficial ou afixados no fórum, na íntegra ou em resumo. (Vide Lei nº 13.688, de 2018) (Vigência)

Observem-se precedentes esclarecedores sobre a natureza jurídica da OAB:

EMENTA: AÇÃO DIRETA DE INCONSTITUCIONALIDADE. § 1º DO ARTIGO 79 DA LEI Nº 8.906, 2ª PARTE. "SERVIDORES" DA ORDEM DOS ADVOGADOS DO BRASIL. PRECEITO QUE POSSIBILITA A OPÇÃO PELO REGIME CELESTISTA. COMPENSAÇÃO PELA ESCOLHA DO REGIME JURÍDICO NO MOMENTO DA APOSENTADORIA. INDENIZAÇÃO. IMPOSIÇÃO DOS DITAMES INERENTES À ADMINISTRAÇÃO PÚBLICA DIRETA E INDIRETA. CONCURSO PÚBLICO (ART. 37, II DA CONSTITUIÇÃO DO BRASIL). INEXIGÊNCIA DE CONCURSO PÚBLICO PARA A ADMISSÃO DOS CONTRATADOS PELA OAB. AUTARQUIAS ESPECIAIS E AGÊNCIAS. CARÁTER JURÍDICO DA OAB. ENTIDADE PRESTADORA DE SERVIÇO PÚBLICO INDEPENDENTE. CATEGORIA ÍMPAR NO ELENCO DAS PERSONALIDADES JURÍDICAS EXISTENTES NO DIREITO BRASILEIRO. AUTONOMIA E INDEPENDÊNCIA DA ENTIDADE. PRINCÍPIO DA MORALIDADE. VIOLAÇÃO DO ARTIGO 37, CAPUT, DA CONSTITUIÇÃO DO BRASIL. NÃO OCORRÊNCIA. 1. A Lei nº 8.906, artigo 79, § 1º, possibilitou aos "servidores" da OAB, cujo regime outrora era estatutário, a opção pelo regime celetista. Compensação pela escolha: indenização a ser paga à época da aposentadoria. 2. Não procede a alegação de que a OAB sujeita-se aos ditames impostos à Administração Pública Direta e Indireta. 3. A OAB não é uma entidade da Administração Indireta da União. A Ordem é um serviço público independente, categoria ímpar no elenco das personalidades jurídicas existentes no direito brasileiro. 4. A OAB não está incluída na categoria na qual se inserem essas que se tem referido como "autarquias especiais" para pretender-se afirmar equivocada independência das hoje chamadas "agências". 5. Por não consubstanciar uma entidade da Administração Indireta, a OAB não está sujeita a controle da Administração, nem a qualquer das suas partes está vinculada. Essa não-vinculação é formal e materialmente necessária. 6. A OAB ocupa-se de atividades atinentes aos advogados, que exercem função constitucionalmente privilegiada, na medida em que são indispensáveis à administração da Justiça [artigo 133 da CB/88]. É entidade cuja finalidade é afeita a atribuições, interesses e seleção de advogados. Não há ordem de relação ou dependência entre a OAB e qualquer órgão público. 7. A Ordem dos Advogados do Brasil, cujas características são autonomia e independência, não pode ser tida como congênere dos demais órgãos de fiscalização profissional. A OAB não está voltada exclusivamente a finalidades corporativas. Possui finalidade institucional. 8. Embora decorra de determinação legal, o regime estatutário imposto aos empregados da OAB não é compatível com a entidade, que é autônoma e independente. 9. Improcede o pedido do requerente no sentido de que se dê interpretação conforme o artigo 37, inciso II, da Constituição do Brasil ao *caput* do artigo 79 da Lei nº 8.906, que determina a aplicação do regime trabalhista aos servidores da OAB. 10. Incabível a exigência de concurso público para admissão dos contratados sob o regime trabalhista pela OAB. 11. Princípio da moralidade. Ética da legalidade e moralidade. Confinamento do princípio da moralidade ao âmbito da ética da legalidade, que não pode ser ultrapassada, sob pena de dissolução do próprio sistema. Desvio de poder ou de finalidade. 12. Julgo improcedente o pedido.

(ADI 3.026, Relator(a): EROS GRAU, Tribunal Pleno, julgado em 08/06/2006, DJ 29-09-2006 PP-00031 EMENT VOL-02249-03 PP-00478 RTJ VOL-00201-01 PP-00093)

Ementa: ADMINISTRATIVO. RECURSO EXTRAORDINÁRIO. CONSELHO DE FISCALIZAÇÃO PROFISSIONAL.

EXIGÊNCIA DE CONCURSO PÚBLICO. ART. 37, II, DA CF. NATUREZA JURÍDICA. AUTARQUIA. FISCALIZAÇÃO. ATIVIDADE TÍPICA DE ESTADO. 1. Os conselhos de fiscalização profissional, posto autarquias criadas por lei e ostentando personalidade jurídica de direito público, exercendo atividade tipicamente pública, qual seja, a fiscalização do exercício profissional, submetem-se às regras encartadas no artigo 37, inciso II, da CB/88, quando da contratação de servidores. 2. Os conselhos de fiscalização profissional têm natureza jurídica de autarquias, consoante decidido no MS 22.643, ocasião na qual restou consignado que: (i) estas entidades são criadas por lei, tendo personalidade jurídica de direito público com autonomia administrativa e financeira; (ii) exercem a atividade de fiscalização de exercício profissional que, como decorre do disposto nos artigos 5º, XIII, 21, XXIV, é atividade tipicamente pública; (iii) têm o dever de prestar contas ao Tribunal de Contas da União. 3. A fiscalização das profissões, por se tratar de uma atividade típica de Estado, que abrange o poder de polícia, de tributar e de punir, não pode ser delegada (ADI 1.717), excetuando-se a Ordem dos Advogados do Brasil (ADI 3.026). 4. *In casu*, o acórdão recorrido assentou: EMENTA: REMESSA OFICIAL EM AÇÃO CIVIL PÚBLICA CONSTITUCIONAL E ADMINISTRATIVO. CONSELHO PROFISSIONAL. NÃO ADSTRIÇÃO À EXIGÊNCIA DE CONCURSO PÚBLICO, PREVISTA NO ART. 37, II, DA CF. PROVIMENTO. I – Os conselhos profissionais, não obstante, possuírem natureza jurídica autárquica conferida por lei, estão, no campo doutrinário, classificados como autarquias corporativas, não integrando a Administração Pública, mas apenas com esta colaborando para o exercício da atividade de polícia das profissões. Conclusão em que se aporta por carecerem aqueles do exercício de atividade tipicamente estatal, o que lhe acarreta supervisão ministral mitigada (art. 1°, Decreto-lei 968/69), e de serem mantidas sem percepção de dotações inscritas no orçamento da União. II – Aos entes autárquicos corporativos não são aplicáveis o art. 37, II, da Lei Maior, encargo exclusivo das autarquias integrantes da estrutura administrativa do estado, únicas qualificáveis como longa manus deste. III – Remessa oficial provida. Pedido julgado improcedente. 5. Recurso Extraordinário a que se dá provimento.

(RE 539224, Relator(a): LUIZ FUX, Primeira Turma, julgado em 22/05/2012, ACÓRDÃO ELETRÔNICO DJe-118 DIVULG 15-06-2012 PUBLIC 18-06-2012 RT v. 101, n° 923, 2012, p. 684-690)

Seguindo com os dispositivos legais:

Art. 46. EAOAB. Compete à OAB fixar e cobrar, de seus inscritos, contribuições, preços de serviços e multas.

Parágrafo único. Constitui título executivo extrajudicial a certidão passada pela diretoria do Conselho competente, relativa a crédito previsto neste artigo.

Art. 47. O pagamento da contribuição anual à OAB isenta os inscritos nos seus quadros do pagamento obrigatório da contribuição sindical.

Art. 48. O cargo de conselheiro ou de membro de diretoria de órgão da OAB é de exercício gratuito e obrigatório, considerado serviço público relevante, inclusive para fins de disponibilidade e aposentadoria.

As vantagens se restringem à honraria do cargo e à relevância dos serviços prestados à classe.

Art. 49. Os Presidentes dos Conselhos e das Subseções da OAB têm legitimidade para agir, judicial e extrajudicialmente, contra qualquer pessoa que infringir as disposições ou os fins desta lei.

Parágrafo único. As autoridades mencionadas no *caput* deste artigo têm, ainda, legitimidade para intervir, inclusive como assistentes, nos inquéritos e processos em que sejam indiciados, acusados ou ofendidos os inscritos na OAB.

Art. 50. Para os fins desta lei, os Presidentes dos Conselhos da OAB e das Subseções podem requisitar cópias de peças de autos e documentos a qualquer tribunal, magistrado, cartório e órgão da Administração Pública direta, indireta e fundacional. (Vide ADIN 1.127-8)

Sobre o Conselho Federal:

Art. 51. O Conselho Federal compõe-se:

I - Dos conselheiros federais, integrantes das delegações de cada unidade federativa;

II - Dos seus ex-presidentes, na qualidade de membros honorários vitalícios.

O presidente da Ordem também compõe o Conselho.

§ 1º Cada delegação é formada por três conselheiros federais.

81 Conselheiros Federais, por 27 delegações (unidades federadas).

§ 2º Os ex-presidentes têm direito apenas a voz nas sessões.

Sem voto, em regra. De forma excepcional, presidentes antes do estatuto (4 de julho de 1994).

§ 3º O Instituto dos Advogados Brasileiros e a Federação Nacional dos Institutos dos Advogados do Brasil são membros honorários, somente com direito a voz nas sessões do Conselho Federal.' (NR)" (Promulgação partes vetadas) (Incluído pela Lei nº 14.365, de 2022)

Art. 81. EAOAB. Não se aplicam aos que tenham assumido originariamente o cargo de Presidente do Conselho Federal ou dos Conselhos Seccionais, até a data da publicação desta lei, as normas contidas no Título II, acerca da composição desses Conselhos, ficando assegurado o pleno direito de voz e voto em suas sessões.

Art. 52. Os presidentes dos Conselhos Seccionais, nas sessões do Conselho Federal, têm lugar reservado junto à delegação respectiva e direito somente a voz.

Art. 53. O Conselho Federal tem sua estrutura e funcionamento definidos no Regulamento Geral da OAB.

§ 1º O Presidente, nas deliberações do Conselho, tem apenas o voto de qualidade.

> O voto de qualidade é a prerrogativa do presidente (ou ao vice-presidente no exercício da presidência) de desempatar alguns julgamentos.

§ 2º O voto é tomado por delegação, e não pode ser exercido nas matérias de interesse da unidade que represente.

Cada delegação, um voto. Se não houver decisão unânime na delegação, não se computa o voto da delegação.

§ 3º Na eleição para a escolha da Diretoria do Conselho Federal, cada membro da delegação terá direito a 1 (um) voto, vedado aos membros honorários vitalícios.   (Incluído pela Lei nº 11.179, de 2005)

> Excepcionalmente, na eleição para escolha da Diretoria do Conselho Federal, cada membro da delegação terá direito a um voto (não por delegação), voto vedado aos membros honorários vitalícios.

A Diretoria do Conselho Federal é composta de um Presidente, de um Vice-Presidente, de um Secretário-Geral, de um Secretário-Geral Adjunto e de um Tesoureiro.

Art. 54. Compete ao Conselho Federal: (rol exemplificativo)

I - Dar cumprimento efetivo às finalidades da OAB;

II - Representar, em juízo ou fora dele, os interesses coletivos ou individuais dos advogados;

III - Velar pela dignidade, independência, prerrogativas e valorização da advocacia;

IV - Representar, com exclusividade, os advogados brasileiros nos órgãos e eventos internacionais da advocacia;

V - Editar e alterar o Regulamento Geral, o Código de Ética e Disciplina, e os Provimentos que julgar necessários;

VI - Adotar medidas para assegurar o regular funcionamento dos Conselhos Seccionais;

VII - Intervir nos Conselhos Seccionais, onde e quando constatar grave violação desta lei ou do regulamento geral;

> Para que ocorra a intervenção em Conselho Seccional, é necessária a prévia aprovação por dois terços das delegações, garantido o amplo direito de defesa do Conselho Seccional respectivo, nomeando-se diretoria provisória para o prazo que se fixar. (p. único do artigo)

VIII - Cassar ou modificar, de ofício ou mediante representação, qualquer ato, de órgão ou autoridade da OAB, contrário a esta lei, ao regulamento geral, ao Código de Ética e Disciplina, e aos Provimentos, ouvida a autoridade ou o órgão em causa;

IX - Julgar, em grau de recurso, as questões decididas pelos Conselhos Seccionais, nos casos previstos neste estatuto e no regulamento geral;

X - Dispor sobre a identificação dos inscritos na OAB e sobre os respectivos símbolos privativos;

XI - Apreciar o relatório anual e deliberar sobre o balanço e as contas de sua diretoria;

XII - Homologar ou mandar suprir relatório anual, o balanço e as contas dos Conselhos Seccionais;

XIII - Elaborar as listas constitucionalmente previstas, para o preenchimento dos cargos nos tribunais judiciários de âmbito nacional ou interestadual, com advogados que estejam em pleno exercício da profissão, vedada a inclusão de nome de membro do próprio Conselho ou de outro órgão da OAB;

XIV - Ajuizar ação direta de inconstitucionalidade de normas legais e atos normativos, ação civil pública, mandado de segurança coletivo, mandado de injunção e demais ações cuja legitimação lhe seja outorgada por lei;

XV - Colaborar com o aperfeiçoamento dos cursos jurídicos, e opinar, previamente, nos pedidos apresentados aos órgãos competentes para criação, reconhecimento ou credenciamento desses cursos;

XVI - Autorizar, pela maioria absoluta das delegações, a oneração ou alienação de seus bens imóveis;

XVII - Participar de concursos públicos, nos casos previstos na Constituição e na lei, em todas as suas fases, quando tiverem abrangência nacional ou interestadual;

XVIII - Resolver os casos omissos neste estatuto.

XIX - Fiscalizar, acompanhar e definir parâmetros e diretrizes da relação jurídica mantida entre advogados e sociedades de advogados ou entre escritório de advogados sócios e advogado associado, inclusive no que se refere ao cumprimento dos requisitos norteadores da associação sem vínculo empregatício; (Incluído pela Lei nº 14.365, de 2022)

XX - Promover, por intermédio da Câmara de Mediação e Arbitragem, a solução sobre questões atinentes à relação entre advogados sócios ou associados e homologar, caso necessário, quitações de honorários entre advogados e sociedades de advogados, observado o disposto no inciso XXXV do *caput* do art. 5º da Constituição Federal. (Incluído pela Lei nº 14.365, de 2022)

Parágrafo único. A intervenção referida no inciso VII deste artigo depende de prévia aprovação por dois terços das delegações, garantido o amplo direito de defesa do Conselho Seccional respectivo, nomeando-se diretoria provisória para o prazo que se fixar.

No campo de competências do Conselho Federal, cabe destacar os parágrafos introduzidos em 2022 pela Lei nº 14.365 ao art. 7º do EAOAB:

§ 14. Cabe, privativamente, ao Conselho Federal da OAB, em processo disciplinar próprio, dispor, analisar e decidir sobre a prestação efetiva do serviço jurídico realizado pelo advogado. (Incluído pela Lei nº 14.365, de 2022)

§ 15. Cabe ao Conselho Federal da OAB dispor, analisar e decidir sobre os honorários advocatícios dos serviços jurídicos realizados pelo advogado, resguardado o sigilo, nos termos do Capítulo VI desta Lei, e observado o disposto no inciso XXXV do *caput* do art. 5º da Constituição Federal. (Incluído pela Lei nº 14.365, de 2022)

§ 16. É nulo, em qualquer esfera de responsabilização, o ato praticado com violação da competência privativa do Conselho Federal da OAB prevista no § 14 deste artigo. (Incluído pela Lei nº 14.365, de 2022)

Art. 55. A diretoria do Conselho Federal é composta de um Presidente, de um Vice-Presidente, de um Secretário-Geral, de um Secretário-Geral Adjunto e de um Tesoureiro.

§ 1º O Presidente exerce a representação nacional e internacional da OAB, competindo-lhe convocar o Conselho Federal, presidi-lo, representá-lo ativa e passivamente, em juízo ou fora dele, promover-lhe a administração patrimonial e dar execução às suas decisões.

§ 2º O regulamento geral define as atribuições dos membros da diretoria e a ordem de substituição em caso de vacância, licença, falta ou impedimento.

Art. 50. RG. Ocorrendo vaga de cargo de diretoria do Conselho Federal ou do Conselho Seccional, inclusive do Presidente, em virtude de perda do mandato (art. 66 do Estatuto), morte ou renúncia, o substituto é eleito pelo Conselho a que se vincule, dentre os seus membros.

Art. 98. RG. O Presidente é substituído em suas faltas, licenças e impedimentos pelo Vice-Presidente, pelo Secretário-Geral, pelo Secretário-Geral Adjunto e pelo Tesoureiro, sucessivamente.

§ 3º Nas deliberações do Conselho Federal, os membros da diretoria votam como membros de suas delegações, cabendo ao Presidente, apenas, o voto de qualidade e o direito de embargar a decisão, se esta não for unânime.

> O embargo obriga o Conselho a reapreciar a matéria em outra sessão.

Segue a abordagem do Regulamento Geral sobre a organização da OAB:

Art. 64. RG. O Conselho Federal atua mediante os seguintes órgãos:

I -   Conselho Pleno; 81 membros.
II - Órgão Especial do Conselho Pleno; 27 membros.
III - Primeira, Segunda e Terceira Câmaras; 27 membros.
IV - Diretoria;
V -   Presidente.

Parágrafo único. Para o desempenho de suas atividades, o Conselho conta também com comissões permanentes, definidas em Provimento, e com comissões temporárias, todas designadas pelo Presidente, integradas ou não por Conselheiros Federais, submetidas a um regimento interno único, aprovado pela Diretoria do Conselho Federal, que o levará ao conhecimento do Conselho Pleno.

Sobre o Conselho Pleno:

Art. 74. RG. O Conselho Pleno é integrado pelos Conselheiros Federais de cada delegação e pelos ex-presidentes, sendo presidido pelo Presidente do Conselho Federal e secretariado pelo Secretário-Geral.

Compete ao Conselho Pleno deliberar (art. 75 do RGEOAB), em caráter nacional, sobre:

a) Propostas e indicações relacionadas às finalidades institucionais da OAB (art. 44, I, do EOAB);

b) Sobre as demais atribuições previstas no art. 54 do EOAB (competências gerais do Conselho), respeitadas as competências privativas dos demais órgãos deliberativos do Conselho Federal, fixadas no Regulamento Geral;

c) Eleger o sucessor dos membros da Diretoria do Conselho Federal, em caso de vacância;

d) Regular, mediante resolução, matérias de sua competência que não exijam edição de Provimento;

e) Instituir, mediante Provimento, comissões permanentes para assessorar o Conselho Federal e a Diretoria.

Órgão Especial do Conselho Pleno:

Art. 84. RG. O Órgão Especial é composto por um Conselheiro Federal integrante de cada delegação, sem prejuízo de sua participação no Conselho Pleno, e pelos ex-Presidentes, sendo presidido pelo Vice-Presidente e secretariado pelo Secretário-Geral Adjunto.

Parágrafo único. O Presidente do Órgão Especial, além de votar por sua delegação, tem o voto de qualidade, no caso de empate, salvo quando se tratar de procedimento disciplinar passível de aplicação de sanção prevista no art. 35 do Estatuto da Advocacia e da OAB, caso em que, quando houver empate de votos, o Presidente votará apenas por sua delegação, prevalecendo a decisão mais favorável ao advogado representado.

> A decisão do Órgão Especial constitui orientação dominante da OAB sobre a matéria, quando consolidada em súmula publicada na Imprensa Oficial.

Competências do órgão especial previstas no art. 85 do RGEOAB, como, por exemplo:

a) Deliberar sobre conflitos ou divergências entre órgãos da OAB;

b) Determinar ao Conselho Seccional competente para instaurar processo, quando, em autos ou peças submetidos ao conhecimento do Conselho Federal, encontrar fato que constitua infração disciplinar.

Órgãos do Conselho Federal:

Além do Conselho Pleno e do Órgão especial, existem a 1ª, 2ª e 3ª Câmaras que são presididas pelo Secretário Geral, Secretário Geral Adjunto e pelo Tesoureiro, respectivamente. Ainda, a Diretoria é composta pelo Presidente, Vice-Presidente, Secretário-geral e Adjunto e o Tesoureiro.

Conferência Nacional dos Advogados (CNA):

É um órgão consultivo do Conselho Federal. As reuniões ocorrem trienalmente (segundo ano do mandato). Tem como escopo o estudo e o debate das questões e problemas que digam respeito às finalidades da OAB.

No primeiro ano do mandato do Conselho Federal, fixa-se a data, o local e o tema central da Conferência, o resultado das discussões são recomendações ao Conselho Federal. Os advogados inscritos na CNA são considerados seus membros efetivos com direito a voto nas sessões.

A CNA é dirigida por uma comissão organizadora, designada pelo Presidente do Conselho Federal, por ele presidida e integrada pelos membros da Diretoria e por outros convidados.

Presidente do Instituto dos Advogados Brasileiros e os agraciados com a "Medalha Rui Barbosa":

Art. 63. RG. O Presidente do Instituto dos Advogados Brasileiros e os agraciados com a "Medalha Rui Barbosa" podem participar das sessões do Conselho Pleno, com direito a voz.

> IAB (1843) – antecede a Ordem dos Advogados – era a Instituição de classe – hoje órgão cultural dos advogados.

"Sua Majestade o Imperador, deferindo benignamente o que lhe foi apresentado por diversos advogados desta Corte, manda pela Secretaria do Estado dos Negócios da Justiça aprovar os Estatutos do Instituto dos Advogados Brasileiros, que os Suplicantes fizeram subir à sua Augusta presença, e que com estes baixam, assinado pelo Conselho Oficial Maior da mesma Secretaria de Estado; com a cláusula, porém,

de que será também submetida à Imperial Aprovação o regulamento interno de que tratam os referidos estatutos. Palácio do Rio de Janeiro, em 7 de agosto de 1843. Honório Hermeto Carneiro Leão." Aviso de 7 de agosto de 1843, do Governo Imperial.

> Art. 152. RG. A "Medalha Rui Barbosa" é a comenda máxima conferida pelo Conselho Federal às grandes personalidades da advocacia brasileira. Parágrafo único. A Medalha só pode ser concedida uma vez, no prazo do mandato do Conselho, e será entregue ao homenageado em sessão solene.

Conselho Seccional:

Art. 56. EAOAB. O Conselho Seccional compõe-se de conselheiros em número proporcional ao de seus inscritos, segundo critérios estabelecidos no regulamento geral.

Conselheiros – mínimo de 30 e máximo de 80.

§ 1º São membros honorários vitalícios os seus ex-presidentes, somente com direito a voz em suas sessões.

Art. 56. § 2º O Presidente do Instituto dos Advogados local é membro honorário, somente com direito a voz nas sessões do Conselho.

§ 3º Quando presentes às sessões do Conselho Seccional, o Presidente do Conselho Federal, os Conselheiros Federais integrantes da respectiva delegação, o Presidente da Caixa de Assistência dos Advogados e os Presidentes das Subseções, têm direito a voz.

Composição:

Art. 106. RG. Os Conselhos Seccionais são compostos de conselheiros eleitos, incluindo os membros da Diretoria, proporcionalmente ao número de advogados com inscrição concedida, observados os seguintes critérios: I – abaixo de 3.000 (três mil) inscritos, até 30 (trinta) membros; (NR)184 II – a partir de 3.000

(três mil) inscritos, mais um membro por grupo completo de 3.000 (três mil) inscritos, até o total de 80 (oitenta) membros. (NR)185

§ 1º Cabe ao Conselho Seccional, observado o número da última inscrição concedida, fixar o número de seus membros, mediante resolução, sujeita a referendo do Conselho Federal, que aprecia a base de cálculo e reduz o excesso, se houver. § 2º O Conselho Seccional, a delegação do Conselho Federal, a diretoria da Caixa de Assistência dos Advogados, a diretoria e o conselho da Subseção podem ter suplentes, eleitos na chapa vencedora, em número fixado entre a metade e o total de conselheiros titulares. (NR)186 § 3º Não se incluem no cálculo da composição dos elegíveis ao Conselho seus ex-Presidentes e o Presidente do Instituto dos Advogados.

Art. 57. EAOAB. O Conselho Seccional exerce e observa, no respectivo território, as competências, vedações e funções atribuídas ao Conselho Federal, no que couber e no âmbito de sua competência material e territorial, e as normas gerais estabelecidas nesta lei, no regulamento geral, no Código de Ética e Disciplina, e nos Provimentos.

Art. 58. Compete privativamente ao Conselho Seccional:

I - Editar seu regimento interno e resoluções;

II - Criar as Subseções e a Caixa de Assistência dos Advogados;

III - Julgar, em grau de recurso, as questões decididas por seu Presidente, por sua diretoria, pelo Tribunal de Ética e Disciplina, pelas diretorias das Subseções e da Caixa de Assistência dos Advogados;

IV - Fiscalizar a aplicação da receita, apreciar o relatório anual e deliberar sobre o balanço e as contas de sua diretoria, das diretorias das Subseções e da Caixa de Assistência dos Advogados;

V - Fixar a tabela de honorários, válida para todo o território estadual;

VI - Realizar o Exame de Ordem;

VII - Decidir os pedidos de inscrição nos quadros de advogados e estagiários;

VIII - Manter cadastro de seus inscritos;

IX - Fixar, alterar e receber contribuições obrigatórias, preços de serviços e multas;

X - Participar da elaboração dos concursos públicos, em todas as suas fases, nos casos previstos na Constituição e nas leis, no âmbito do seu território;

XI - Determinar, com exclusividade, critérios para o traje dos advogados, no exercício profissional;

XII - Aprovar e modificar seu orçamento anual;

XIII - Definir a composição e o funcionamento do Tribunal de Ética e Disciplina, e escolher seus membros;

XIV - Eleger as listas, constitucionalmente previstas, para preenchimento dos cargos nos tribunais judiciários, no âmbito de sua competência e na forma do Provimento do Conselho Federal, vedada a inclusão de membros do próprio Conselho e de qualquer órgão da OAB;

XV - Intervir nas Subseções e na Caixa de Assistência dos Advogados;

XVI - Desempenhar outras atribuições previstas no regulamento geral;

XVII - Fiscalizar, por designação expressa do Conselho Federal da OAB, a relação jurídica mantida entre advogados e sociedades de advogados e o advogado associado em atividade na circunscrição territorial de cada seccional, inclusive no que se refere ao cumprimento dos requisitos norteadores da associação sem vínculo empregatício; (Incluído pela Lei nº 14.365, de 2022)

XVIII - Promover, por intermédio da Câmara de Mediação e Arbitragem, por designação do Conselho Federal da OAB, a solução sobre questões atinentes à relação entre advogados sócios ou associados e os escritórios de advocacia sediados na base da seccional e homologar, caso necessário, quitações de honorários entre advogados e sociedades de advogados, observado o disposto no inciso XXXV do *caput* do art. 5º da Constituição Federal. (Incluído pela Lei nº 14.365, de 2022)

Art. 59. A diretoria do Conselho Seccional tem composição idêntica e atribuições equivalentes às do Conselho Federal, na forma do regimento interno daquele.

Compete ao Conselho Seccional, nos termos do RG:

Art. 105. RG. Compete ao Conselho Seccional, além do previsto nos arts. 57 e 58 do Estatuto:

V. Ajuizar, após deliberação:

a) Ação direta de inconstitucionalidade de leis ou atos normativos estaduais e municipais, em face da Constituição Estadual ou da Lei Orgânica do Distrito Federal;

b) Ação civil pública, para defesa de interesses difusos de caráter geral e coletivos e individuais homogêneos;

c) Mandado de segurança coletivo, em defesa de seus inscritos, independentemente de autorização pessoal dos interessados;

d) Mandado de injunção, em face da Constituição Estadual ou da Lei Orgânica do Distrito Federal.

Parágrafo único. O ajuizamento é decidido pela Diretoria, no caso de urgência ou recesso do Conselho Seccional.

Subseções:

Art. 60. EAOAB. A Subseção pode ser criada pelo Conselho Seccional, que fixa sua área territorial e seus limites de competência e autonomia.

§ 1º A área territorial da Subseção pode abranger um ou mais municípios, ou parte de município, inclusive da capital do Estado, contando com um mínimo de quinze advogados, nela profissionalmente domiciliados.

Art. 118. RG. A resolução do Conselho Seccional que criar a Subseção deve: I – fixar sua base territorial; II – definir os limites de suas competências e autonomia; III – fixar a data da eleição da diretoria e do conselho, quando for o caso, e o início do mandato com encerramento coincidente com o do Conselho Seccional; IV – definir a composição do conselho da Subseção e suas atribuições, quando for o caso. § 1º Cabe à Diretoria do Conselho Seccional encaminhar cópia da resolução ao Conselho Federal, comunicando a composição da diretoria e do conselho. § 2º Os membros da diretoria da Subseção integram seu conselho, que tem o mesmo Presidente.

Art. 60. § 2º A Subseção é administrada por uma diretoria, com atribuições e composição equivalentes às da diretoria do Conselho Seccional.

§ 3º Havendo mais de cem advogados, a Subseção pode ser integrada, também, por um conselho em número de membros fixado pelo Conselho Seccional.

§ 4º Os quantitativos referidos nos §§ 1º e 3º deste artigo podem ser ampliados, na forma do regimento interno do Conselho Seccional.

§ 5º Cabe ao Conselho Seccional fixar, em seu orçamento, dotações específicas destinadas à manutenção das Subseções.

§ 6º O Conselho Seccional, mediante o voto de dois terços de seus membros, pode intervir nas Subseções, onde constatar grave violação desta lei ou do regimento interno daquele.

Art. 61. Compete à Subseção, no âmbito de seu território:

I - Dar cumprimento efetivo às finalidades da OAB;

II - Velar pela dignidade, independência e valorização da advocacia, e fazer valer as prerrogativas do advogado;

III - Representar a OAB perante os poderes constituídos;

IV - Desempenhar as atribuições previstas no regulamento geral ou por delegação de competência do Conselho Seccional.

Parágrafo único. Ao Conselho da Subseção, quando houver, compete exercer as funções e atribuições do Conselho Seccional, na forma do regimento interno deste, e ainda:

    a) Editar seu regimento interno, a ser referendado pelo Conselho Seccional;

    b) Editar resoluções, no âmbito de sua competência;

    c) Instaurar e instruir processos disciplinares, para julgamento pelo Tribunal de Ética e Disciplina;

    d) Receber pedido de inscrição nos quadros de advogado e estagiário, instruindo e emitindo parecer prévio, para decisão do Conselho Seccional.

Em caso de conflitos de competência:

Art. 119. RG. Os conflitos de competência entre subseções e entre estas e o Conselho Seccional são por este decididos, com recurso voluntário ao Conselho Federal.

Caixa de Assistência aos Advogados:

Art. 62. EAOAB. A Caixa de Assistência dos Advogados, com personalidade jurídica própria, destina-se a prestar assistência aos inscritos no Conselho Seccional a que se vincule.

§ 1º A Caixa é criada e adquire personalidade jurídica com a aprovação e registro de seu estatuto pelo respectivo Conselho Seccional da OAB, na forma do regulamento geral.

Art. 121. RG. As Caixas de Assistência dos Advogados são criadas mediante aprovação e registro de seus estatutos pelo Conselho Seccional.

Art. 45. § 4º. RG. As Caixas de Assistência dos Advogados, dotadas de personalidade jurídica própria, são criadas pelos Conselhos Seccionais, quando estes contarem com mais de mil e quinhentos inscritos.

§ 2º A Caixa pode, em benefício dos advogados, promover a seguridade complementar.

Art. 124. RG. A seguridade complementar pode ser implementada pela Caixa, segundo dispuser seu estatuto.

Art. 62. § 3º Compete ao Conselho Seccional fixar contribuição obrigatória devida por seus inscritos, destinada à manutenção do disposto no parágrafo anterior, incidente sobre atos decorrentes do efetivo exercício da advocacia.

§ 4º A diretoria da Caixa é composta de cinco membros, com atribuições definidas no seu regimento interno.

§ 5º Cabe à Caixa a metade da receita das anuidades recebidas pelo Conselho Seccional, considerado o valor resultante após as deduções regulamentares obrigatórias.

§ 6º Em caso de extinção ou desativação da Caixa, seu patrimônio se incorpora ao do Conselho Seccional respectivo.

§ 7º O Conselho Seccional, mediante voto de dois terços de seus membros, pode intervir na Caixa de Assistência dos

Advogados, no caso de descumprimento de suas finalidades, designando diretoria provisória, enquanto durar a intervenção.

Art. 123. RG. A assistência aos inscritos na OAB é definida no estatuto da Caixa e está condicionada à: I – regularidade do pagamento, pelo inscrito, da anuidade à OAB; II – carência de um ano, após o deferimento da inscrição; III – disponibilidade de recursos da Caixa. Parágrafo único. O estatuto da Caixa pode prever a dispensa dos requisitos de que cuidam os incisos I e II, em casos especiais.

Corregedorias Gerais:

Art. 72. CED. As Corregedorias Gerais integram o sistema disciplinar da Ordem dos Advogados do Brasil.

§ 1º O Secretário-Geral Adjunto exerce, no âmbito do Conselho Federal, as funções de Corregedor-Geral, cuja competência é definida em Provimento.

§ 2º Nos Conselhos Seccionais, as Corregedorias Gerais terão atribuições da mesma natureza, observando, no que couber, Provimento do Conselho Federal sobre a matéria.

§ 3º A Corregedoria-Geral do Processo Disciplinar coordenará ações do Conselho Federal e dos Conselhos Seccionais voltadas para o objetivo de reduzir a ocorrência das infrações disciplinares mais frequentes.

Exercício de cargos e funções na OAB e na representação da classe:

Art. 32. CED. Não poderá o advogado, enquanto exercer cargos ou funções em órgãos da OAB ou representar a classe junto a quaisquer instituições, órgãos ou comissões, públicos ou privados, firmar contrato oneroso de prestação de serviços ou fornecimento de produtos com tais entidades nem adquirir bens imóveis ou móveis infungíveis de quaisquer órgãos da OAB, ou a estes aliená-los.

Parágrafo único. Não há impedimento ao exercício remunerado de atividade de magistério na Escola Nacional de Advocacia – ENA, nas Escolas de Advocacia – ESAs e nas Bancas do Exame de Ordem, observados os princípios da moralidade e da modicidade dos valores estabelecidos a título de remuneração.

Art. 33. Salvo em causa própria, não poderá o advogado, enquanto exercer cargos ou funções em órgãos da OAB ou tiver assento, em qualquer condição, nos seus Conselhos, atuar em processos que tramitem perante a entidade nem oferecer pareceres destinados a instruí-los.

Parágrafo único. A vedação estabelecida neste artigo não se aplica aos dirigentes de Seccionais quando atuem, nessa qualidade, como legitimados a recorrer nos processos em trâmite perante os órgãos da OAB.

Art. 34. Ao submeter seu nome à apreciação do Conselho Federal ou dos Conselhos Seccionais com vistas à inclusão em listas destinadas ao provimento de vagas reservadas à classe nos tribunais, no Conselho Nacional de Justiça, no Conselho Nacional do Ministério Público e em outros colegiados, o candidato assumirá o compromisso de respeitar os direitos e prerrogativas do advogado, não praticar nepotismo nem agir em desacordo com a moralidade administrativa e com os princípios deste Código, no exercício de seu mister.

Das eleições e dos mandatos:

Art. 63. EAOAB. A eleição dos membros de todos os órgãos da OAB será realizada na segunda quinzena do mês de novembro, do último ano do mandato, mediante cédula única e votação direta dos advogados regularmente inscritos.

Cédula única – votação para o Conselho Seccional e para a Subseção.

Vedada a votação em trânsito.

O advogado com inscrição suplementar pode exercer opção de voto, comunicando ao Conselho onde tenha inscrição principal.

Art. 128. RG. O Conselho Seccional, até 45 (quarenta e cinco) dias antes da data da votação, no último ano do mandato, convocará os advogados inscritos para a votação obrigatória, mediante edital resumido, publicado no Diário Eletrônico da OAB, do qual constarão, dentre outros, os seguintes itens:

§ 1º A eleição, na forma e segundo os critérios e procedimentos estabelecidos no regulamento geral, é de comparecimento obrigatório para todos os advogados inscritos na OAB.

Art. 134. RG. O voto é obrigatório para todos os advogados inscritos da OAB, sob pena de multa equivalente a 20% (vinte por cento) do valor da anuidade, salvo ausência justificada por escrito, a ser apreciada pela Diretoria do Conselho Seccional.

Inclusive para advogados idosos.

Requisitos para o candidato:

Art. 63. § 2º O candidato deve comprovar situação regular perante a OAB, não ocupar cargo exonerável *ad nutum*, não ter sido condenado por infração disciplinar, salvo reabilitação, e exercer efetivamente a profissão há mais de 3 (três) anos, nas eleições para os cargos de Conselheiro Seccional e das Subseções, quando houver, e há mais de 5 (cinco) anos, nas eleições para os demais cargos. (Redação dada pela Lei nº 13.875, de 2019)

Art. 64. Consideram-se eleitos os candidatos integrantes da chapa que obtiver a maioria dos votos válidos.

§ 1º A chapa para o Conselho Seccional deve ser composta dos candidatos ao conselho* e à sua diretoria** e, ainda, à delegação ao Conselho Federal e à Diretoria da Caixa de Assistência dos Advogados para eleição conjunta.

*Conselheiros Seccionais;

**Diretoria (Presidente, Vice-Presidente, Secretário Geral, Secretário Geral Adjunto e Tesoureiro);

Obs.: A delegação do Conselho Federal elegerá o Presidente da OAB.

§ 2º A chapa para a Subseção deve ser composta com os candidatos à diretoria, e de seu conselho quando houver.

Chapas distintas.

Art. 65. O mandato em qualquer órgão da OAB é de três anos, iniciando-se em primeiro de janeiro do ano seguinte ao da eleição, salvo o Conselho Federal.

Parágrafo único. Os conselheiros federais eleitos iniciam seus mandatos em primeiro de fevereiro do ano seguinte ao da eleição.

Art. 66. Extingue-se o mandato automaticamente, antes do seu término, quando:

I - Ocorrer qualquer hipótese de cancelamento de inscrição ou de licenciamento do profissional;

II - O titular sofrer condenação disciplinar;

III - O titular faltar, sem motivo justificado, a três reuniões ordinárias consecutivas de cada órgão deliberativo do conselho ou da diretoria da Subseção ou da Caixa de Assistência dos Advogados, não podendo ser reconduzido no mesmo período de mandato.

Parágrafo único. Extinto qualquer mandato, nas hipóteses deste artigo, cabe ao Conselho Seccional escolher o substituto, caso não haja suplente.

Art. 67. A eleição da Diretoria do Conselho Federal, que tomará posse no dia 1º de fevereiro, obedecerá às seguintes regras:

I - Será admitido registro, junto ao Conselho Federal, de candidatura à presidência, desde seis meses até um mês antes da eleição;

II - O requerimento de registro deverá vir acompanhado do apoiamento de, no mínimo, seis Conselhos Seccionais;

III - Até um mês antes das eleições, deverá ser requerido o registro da chapa completa, sob pena de cancelamento da candidatura respectiva;

IV - Presidente, Vice-Presidente, Secretário Geral, Secretário Geral Adjunto e Tesoureiro.

V - No dia 31 de janeiro do ano seguinte ao da eleição, o Conselho Federal elegerá, em reunião presidida pelo conselheiro mais antigo, por voto secreto e para mandato de 3 (três) anos, sua diretoria, que tomará posse no dia seguinte; (Redação dada pela Lei nº 11.179, de 2005)

VI - Eleição indireta.

VII - Será considerada eleita a chapa que obtiver maioria simples dos votos dos Conselheiros Federais, presente a metade mais 1 (um) de seus membros. (Redação dada pela Lei nº 11.179, de 2005)

Parágrafo único. Com exceção do candidato a Presidente, os demais integrantes da chapa deverão ser conselheiros federais eleitos.

Composição da chapa:

Art. 131. RG. São admitidas a registro apenas chapas completas, que deverão atender ao percentual de 50% para candidaturas de cada gênero e, ao mínimo, de 30% (trinta por cento) de advogados negros e de advogadas negras, assim considerados os(as) inscritos(as) na Ordem dos Advogados do Brasil que se classificam (autodeclaração) como negros(as), ou seja, pretos(as) ou pardos(as), ou definição análoga (critérios subsidiários de heteroidentificação), entre titulares e entre suplentes, com indicação dos(as) candidatos(as) aos cargos de diretoria do Conselho Federal, do Conselho Seccional, da Caixa de Assistência dos(as) Advogados(as) e das Subseções, dos(as) conselheiros(as) federais, dos(as) conselheiros(as) seccionais e dos(as) conselheiros(as) subseccionais, sendo vedadas candidaturas isoladas ou que integrem mais de uma chapa.

§ 1º O percentual previsto no *caput* deste artigo aplicar-se-á quanto às Diretorias do Conselho Federal, dos Conselhos Seccionais, das Subseções e das Caixas de Assistência e deverá incidir sobre os cargos de titulares e suplentes, se houver, salvo se o número for ímpar, quando se aplicará o percentual mais próximo a 50% na composição de cada gênero, e o percentual de 30% na composição de cotas raciais para advogados negros e advogadas negras.

§ 2º Em relação ao registro das vagas ao Conselho Federal, o percentual referido no *caput* deste artigo levará em consideração a soma entre os titulares e suplentes, devendo a chapa garantir pelo menos uma vaga de titularidade para cada gênero, pelo menos uma vaga de titularidade para um advogado negro ou uma advogada negra, e pelo menos uma vaga de suplência para um advogado negro ou uma advogada negra.

QUESTÕES

Ano: 2016 **Banca:** FGV Órgão: OAB **Prova:** FGV – 2016 – OAB – Exame de Ordem Unificado – XXI – Primeira Fase. O advogado Roni foi presidente do Conselho Federal da OAB em mandato exercido por certo triênio, na década entre 2000 e 2010. Sobre a participação de Roni, na condição de ex-presidente do Conselho Federal, nas sessões do referido Conselho, assinale a afirmativa correta.

Alternativas

- **A.** Não integra a atual composição do Conselho Federal da OAB. Logo, apenas pode participar das sessões na condição de ouvinte, não lhe sendo facultado direito a voto ou direito a voz.

- **B.** Integra a atual composição do Conselho Federal da OAB, na qualidade de membro honorário vitalício, sendo-lhe conferido direito a voto e direito a voz nas sessões.

- **C.** Não integra a atual composição do Conselho Federal da OAB. Logo, apenas pode participar das sessões na condição de convidado honorário, não lhe sendo facultado direito a voto, mas, sim, direito a voz.

- **D.** Integra a atual composição do Conselho Federal da OAB, na qualidade de membro honorário vitalício, sendo-lhe conferido apenas direito a voz nas sessões e não direito a voto.

Resposta correta: Item d. Em conformidade com o artigo 51 do EAOAB.

Ano: 2014 **Banca:** FGV Órgão: OAB **Prova:** FGV – 2014 – OAB – Exame de Ordem Unificado – XV – Tipo 1 – Branca. Messias é advogado com mais de trinta anos de atuação profissional e deseja colaborar para o aperfeiçoamento da advocacia. O Presidente da Seccional onde possui inscrição principal sugere que ele participe da política associativa e lance sua candidatura a Conselheiro Federal.

Observadas as regras do Estatuto da OAB, assinale a afirmativa correta.

Alternativas

- **A.** A eleição de Conselheiro Federal da OAB é indireta e secreta.
- **B.** Chapas concorrentes para as eleições seccionais.
- **C.** A indicação para o Conselho Federal é realizada pelo Colégio de Presidentes da OAB.
- **D.** O Conselheiro Federal é indicado livremente pelas Seccionais da OAB.

> **Resposta correta:** Item b. Em conformidade com o artigo 67 do EAOAB.

REFERÊNCIAS

COMTE-SPONVILLE, André. *Apresentação da filosofia*. São Paulo, 2002.